AF493933

BATAILLES DE LEIPSICK.

Les formalités ayant été remplies, conformément aux lois, je poursuivrai tout contrefacteur ou débitant du présent ouvrage contrefait.

CET OUVRAGE SE TROUVE AUSSI AU DÉPÔT DE MA LIBRAIRIE,

Palais-Royal, galeries de bois, nos 265 et 266.

Nota. Les personnes qui désireront le Catalogue général de ma Librairie, pourront en faire la demande, il leur sera envoyé *gratis*.

SOUS PRESSE:

HISTOIRE DE LA GUERRE DE RUSSIE ET D'ALLEMAGNE, de 1812 à 1814; par M. SARRAZIN, maréchal de camp, 1 vol. in-8 orné d'une belle carte, où sont tracées les marches des armées françaises et celles des alliés.

BATAILLES DE LEIPSICK,

DEPUIS LE 14 JUSQU'AU 19 OCTOBRE 1813,

OU

RÉCIT

DES ÉVÈNEMENS MÉMORABLES

QUI ONT EU LIEU DANS CETTE VILLE ET AUX ENVIRONS,

PENDANT CES CINQ JOURNÉES;

LE TOUT ORIGINAIREMENT ÉCRIT EN ALLEMAND

Par un témoin oculaire;

TRADUIT DE L'ANGLAIS DE M. FRÉDÉRIC SHOBERL, SUR LA 8e ÉDITION, ET ACCOMPAGNÉ DE NOTES.

> La bataille de Leipsick, qui a duré quatre jours, a décidé du sort du monde.
>
> *Bulletin prussien du* 19 octobre 1812.

PARIS,
J. G. DENTU, IMPRIMEUR-LIBRAIRE,
Rue du Pont de Lodi, nº 3, près le Pont-Neuf.
1814.

PRÉFACE.

L'OUVRAGE de M. Frédéric Shoberl se compose de trois écrits qui, tous, dans l'origine, eurent pour auteurs des Allemands.

D'abord, un habitant de Leipsick rapporte ce qu'il a vu dans les fameuses journées du 14 au 19 octobre 1813. Les détails dans lesquels il entre ne permettent nullement de révoquer en doute sa véracité. C'est une suite de tableaux très-attachans, et d'une vérité parfaite : ce sont des particularités intéressantes pour les contemporains, et des matériaux pour l'histoire.

Les *observations* qui suivent ont évidemment été tracées par une autre main : elles méritent sur-tout l'attention des gens de guerre, ne fût-ce que pour prouver ce dont tant d'hommes de bon sens étaient déjà persuadés : que l'*homme de génie*, l'*homme du destin* avait commis dans les derniers temps de sa carrière politique et *même militaire* les fautes les plus graves, et qui devaient avoir les plus terribles résultats.

La troisième pièce de ce recueil est une lettre, selon moi, fort curieuse. L'intendant ou le commis d'un banquier de Leipsick reçoit successivement, à la maison de campagne de son patron, l'empereur des Français, des maréchaux ou généraux d'Empire, puis des militaires de haut rang des troupes alliées. Il y a dans son récit ce mouvement que l'on aime dans les ouvrages dramatiques ou les romans bien faits; avec cet avantage incontestable que toutes ces choses ne sont point inventées à plaisir.

Je n'ajouterai que deux mots sur les motifs que j'ai eus de traduire l'ouvrage de M. Shoberl. Montrer combien nos braves, nos excellens guerriers ont été trompés dans le but qu'ils se proposaient; prouver qu'à leur insu, ils n'étaient que de nobles, mais bien malheureux instrumens dans les mains du despotisme; c'est, j'en suis certain, servir, autant qu'il se peut, dans une brochure fugitive, la cause sacrée des princes que le ciel enfin appaisé nous a rendus, la cause de tous les bons et véritables Français. D'après cette pensée, j'ai joint plusieurs notes au texte original, comme je l'avais fait il y quelques mois, à la brochure que j'ai publiée sur la *Campagne de Moscow*. Elles ne pourront déplaire à mes intrépides compatriotes, qui, se ralliant autour de l'ancienne et auguste bannière des lis, ont su mettre ainsi le comble à leur gloire.

R. J. DURDENT.

BATAILLES

DE LEIPSICK.

J'AVAIS exprimé souvent le désir inconsidéré d'être le témoin d'une bataille générale. Ce désir vient d'être satisfait; et il a manqué de me coûter la vie. Je peux du moins me vanter que, pendant quatre jours, j'ai observé de très-près, et avec une extrême attention, une bataille à laquelle il est à peine possible, dans les annales du monde, d'en comparer aucune autre. Ses conséquences s'étendront, non-seulement à l'Europe, mais à des contrées dont elle est séparée par des mers immenses. On ne doit pas attendre de moi un récit surchargé de tous les détails militaires : je tracerai le tableau historique de ce dont j'ai été le témoin dans une ville, centre d'opérations de plus de dix-huit lieues. J'y ajouterai ce que j'ai vu et entendu au milieu des camps.

Cette action, je le répète, est sans égale. Elle l'est, par le nombre et la célébrité des généraux; et parce que, parmi eux, on comptait trois empereurs, un roi, et l'héritier présomptif d'une couronne. Elle l'est, par l'espace qu'elle embrassait, puisque l'on se battit sur une étendue de plus de quinze milles. Elle l'est, parce que plus d'un demi-million de guerriers de l'Europe et de l'Asie, venus depuis le Tage jusqu'au Caucase, entrèrent en ligne avec près de deux mille pièces de canon. Cette bataille n'a point encore d'égale pour sa durée, qui fut de près de cent heures. On y admira le plan si profondément combiné des puissances alliées, d'où résulta, dans une masse de forces gigantesques, et composée de tant de diverses parties, une unité jusqu'alors réputée impossible à obtenir. Ses conséquences seront extraordinaires, et le temps seul peut les développer. Les premières du moins sont déjà sous nos yeux, ce sont la dissolution de la confédération du Rhin, la ruine du système continental, et la délivrance de l'Allemagne. Cette bataille enfin est sans égale par le nombre de ses circonstances particulières. La plus remarquable fut que la plupart des guerriers qui avaient combattu si souvent avec tant d'ardeur et de courage sous les enseignes de Napoléon, les abandonnèrent tout-à-coup. Au milieu de l'action, comme s'ils eussent été frappés d'une secousse électrique, ils désertèrent, par troupes considérables, avec toute leur artillerie et tambours battans; puis tournèrent aussitôt leurs armes contre ceux qui, un instant auparavant, étaient leurs alliés. Les annales militaires chez les modernes n'offrent d'exemples de faits semblables, qu'à l'égard de corps peu nombreux. Pour mettre les lecteurs en état de saisir la marche des évènemens, je vais essayer de les rapporter par ordre chronologique.

On ne commença de croire à la possibilité d'une affaire générale près de Leipsick, que quand on vit arriver dans les environs de cette ville le corps d'armée du maréchal Marmont; ce qui eut lieu au commencement d'octobre. Nous apprîmes de divers côtés que la grande armée des alliés s'approchait de Leipsick. Napoléon avait quitté Dresde, sans avoir presque d'autres motifs d'abandonner cette ville, que le manque de subsistances. Nous fûmes long-temps incertains sur la route qu'il prendrait, et peut-être l'était-il lui-même. Ceux qui pouvaient former un jugement sur les opérations militaires, pensaient qu'il s'avancerait avec toutes ses forces vers Berlin et l'Oder. Ils supposaient que ces contrées n'étaient pas suffisamment couvertes, et considéraient les forteresses de l'Elbe comme son point d'appui par derrière. Cette opinion toutefois perdit beaucoup de sa probabilité, lorsque nous vîmes arriver d'autres corps français sous les généraux Ney, Reynier et Bertrand, auxquels se joignit bientôt celui d'Augereau. Nous avions reçu des avis certains que le prince de Schwartzemberg s'était avancé jusqu'à Altenbourg avec la grande armée combinée d'Autriche, de Russie et de Prusse, et que le prince royal de Suède avait son quartier-général à Zorbig. Pendant quelques jours, on nous dit que l'empereur des Français porterait le sien dans notre ville. Cette opinion était celle de plusieurs détachemens de sa garde. On sait généralement qu'il choisit de préférence pour de nouvelles batailles les journées qui ont été glorieuses à son armée. La proximité où il était de nous, et l'approche du 14 octobre (1), nous confirmaient dans la pensée qu'il se passerait non loin de nous des évènemens d'im-

---

(1) Voici une preuve bien forte que ces sortes de rapprochemens ne doivent être d'aucun poids aux yeux des gens sensés. Ce 14 octobre 1813, fut l'anniversaire des fameuses batailles d'Ulm et d'Iéna, et la première des cinq journées où la puissance de Buonaparte reçut un coup mortel. On dira : Des soldats à qui l'on rappelle qu'à pareil jour, ils ont remporté une ou plusieurs victoires signalées, ne seront-ils pas enflammés par ces

portance. On apercevait distinctement des clochers de la ville, du côté du nord, vers Breitenfeld et Lendenthal, les troupes légères des alliés, que nous supposâmes être la garde avancée du prince royal de Suède. Des escarmouches journalières s'ensuivirent; et à chaque heure, on ramenait des Français blessés. Le tumulte de la ville s'accrut. Le roi de Naples était arrivé, et avait fixé son quartier-général à Konnevitz. Un grand nombre de généraux et d'officiers d'état-major remplirent les maisons. Il ne fut plus possible de prendre un moment de repos : tout devint un bivouac. Les Français semblaient ignorer entièrement les mouvemens des alliés; car souvent les mêmes troupes sorties par une porte, sortaient de nouveau avant la nuit par une autre, de manière que des marches continuelles avaient lieu dans les quatre principales avenues de notre ville. Ces mouvemens de cavalerie, d'infanterie et de charriots ne cessaient pas même la nuit. Il était rare qu'une troupe de cavaliers, partie

---

souvenirs? Oui, sans doute; mais songez que, de leur côté, les généraux ennemis rappeleront à leurs troupes qu'elles ont à venger leur injure et celle de la patrie.

(*Cette note et toutes les autres sont du traducteur.*)

pour faire patrouille, retournât sans avoir perdu quelques hommes ou quelques chevaux, tombés, selon eux, dans les mains des Cosaques; car c'était le nom qu'ils donnaient le plus habituellement à tous les corps de cavalerie légère avec lesquels ils avaient quelques rencontres.

Tous les préparatifs qui se faisaient, démontrèrent que nous approchions de la grande crise. Les troupes françaises s'étaient déjà rangées dans un vaste demi-cercle, s'étendant du nord à l'est et au sud-ouest. On paraissait n'avoir besoin que d'observer le pays vers Mersebourg et Weissenfels. En conséquence, on occupa les éminences placées derrière le village de Lindenau. L'accès vers la ville est de ce côté très-difficile, car on n'y parvient que par une chaussée. Le pays à droite et à gauche ne consiste qu'en bois et en prairies marécageuses, entrecoupés par-tout de ruisseaux bourbeux et de fossés.

Quand on demandait aux officiers français quelle pouvait être la force totale de leur armée aux environs de Leipsick, leur estimation variait tellement, qu'il était impossible de s'en servir pour prendre un terme moyen. Comment, en effet, évaluer une force portée par les uns à 150,000, et par les autres à 400,000 hommes!

D'un autre côté, ils déclaraient unanimement que les alliés auraient à combattrequinze corps d'armée, sans compter les gardes. J'ai eu occasion de faire le calcul assez exact d'une division du corps de Marmont; elle était tout au plus de 4000 hommes, de sorte que le corps entier pouvait être de 12,000, et c'était un de ceux qui avait éprouvé le moins de pertes! Celui d'Augereau, sans contredit le plus complet, n'avait qu'à peine 15,000 hommes. Ainsi, tout compensé, le total des armées françaises sous Leipsick, pouvait à peine, la garde comprise, s'élever à 170,000 hommes. Une telle armée toutefois, commandée par tant de généraux, considérés long-temps comme les plus habiles de l'Europe, et ayant une artillerie de 600 pièces, pouvait encore se faire respecter et même se faire craindre, par un ennemi plus nombreux du double. Une seule espèce de troupes me parut médiocre : c'était la cavalerie, tant sous le rapport des hommes que sous celui des chevaux; ceux-ci étaient faibles et mauvais état, et les hommes manquaient d'expérience. Nous ignorons encore quelles étaient les forces des alliés; mais elles devaient être plus nombreuses (1).

(1) Tous ce passage est très-remarquable : on y voit

Le 14 octobre parut enfin ; il avait été précédé de quelques jours pluvieux ; mais alors,

---

d'abord quelle juste et imposante idée les ennemis avaient de la valeur des troupes françaises. D'un autre côté, combien cette faiblesse de leur cavalerie n'accuse-t-elle pas le chef sous lequel elles avaient le malheur de combattre? Pourquoi ces cavaliers étaient-ils, la plupart sans expérience? C'est qu'ils avaient été arrachés de leurs foyers pour remplacer cette cavalerie, naguère la terreur et l'admiration de l'Europe, et alors anéantie par la désastreuse expédition de Moscou

Il est très-certain, et on ne peut trop le dire, que, dans cette bataille où les Français disputèrent cinq jours la victoire, ils étaient très-inférieurs en nombre à leurs ennemis; et qui pourrait s'en étonner! Ces ennemis, armés contre l'ambition d'un seul homme, étaient l'élite de *toutes les nations de l'Europe*. Il suffit de leur propre témoignage, pour prouver ce qui vient d'être avancé.

Les Français, selon le bulletin autrichien « dévelop- « pèrent au commencement de la bataille, cent quarante « mille à cent cinquante mille hommes. »

D'un autre côté, le bulletin prussien dit dans les mêmes termes que notre auteur : « Un demi-million d'hommes « se battait sur une surface de trois lieues carrées. »

On peut donc porter à plus *de trois cent mille hommes* l'armée à laquelle environ cent cinquante mille Français, dont un grand nombre de nouvelle levée, résistèrent pendant cinq jours.

Il importe encore de rappeler que des corps de troupes

le temps fut seulement couvert. Le canon tonna par intervalles vers Liebertwolkowitz. Dans la matinée, nous vîmes rentrer isolément des Français blessés, pour la plupart de cavalerie. Nous eûmes la certitude d'un engagement général. A chaque instant, il devenait plus dangereux de s'approcher des portes; la marche des chevaux et des charriots était continue, et tous les dix pas on trouvait, dans toutes les directions, des corps de garde qui faisaient retirer les personnes non militaires. On avait envoyé plusieurs courriers pour annoncer la venue prochaine du roi de Saxe et de Napoléon. Ce dernier arriva vers midi, non comme nous l'avions présumé, par la route de Dresde, mais par celle de Berlin. Il traversa rapidement la ville, escorté de quelques bataillons et escadrons de sa garde. On

---

alliées des Français se joignirent aux ennemis *sur le champ de bataille même*. Ils se composaient de presque toute l'armée saxone, de Wurtembergois et de Badois. Le soir du 18, huit régimens d'infanterie polonaise suivirent leur exemple. Comment ne pas plaindre et admirer tout-à-la-fois ces guerriers français, exposés ainsi loin de leur patrie, à tout ce que la défection a de désatreux, au milieu d'une lutte déjà si disproportionnée? Et qui accuser de leur désastre, des pleurs de leurs familles, si non leur coupable chef?

lui dressa en toute hâte une table en plein champ; et on lui alluma un grand feu de bivouac. Ses gardes bivouaquèrent à droite et à gauche. La table fut aussitôt couverte de cartes, que l'empereur considéra très-attentivement pendant un temps considérable. Il ne paraissait pas faire la moindre attention à ce qui se passait autour de lui. Les spectateurs, au nombre desquels j'étais, l'approchèrent d'assez près. Lorsqu'il était venu dans notre ville, quelques mois auparavant, les Français avaient reconnu que les habitans de Leipsick n'étaient pas aussi méchans qu'on les avait représentés; nous eûmes donc alors la permission d'approcher à vingt pas. Une longue suite de voitures venant par la route de Wurtzen, le bruit des fouets des postillons, ainsi qu'un grand nombre de cavaliers et de grenadiers d'une haute taille, annoncèrent l'arrivée d'un autre personnage distingué, et attirèrent l'attention de ceux qui se tenaient près de ce chemin: c'était le roi de Saxe avec ses gardes et sa suite. Il descendit, et son auguste allié et lui se saluèrent civilement. Le roi, peu de temps après, monta à cheval, et s'avança vers la ville. Napoléon resta où il était. Quelquefois il se levait de sa chaise, s'approchait du feu, plaçait ses mains dessus, les frottait et les mettait derrière son dos, tandis qu'avec son pied il poussait le bois pour le faire brûler davantage (1). En même temps, il prenait très-souvent du tabac, dont il paraissait n'avoir qu'une fort petite quantité dans sa boîte d'or. A la fin, il gratta le reste avec son doigt, et le renversa sur sa main. Quand il n'y en eut plus, il ouvrit plusieurs fois sa boîte et la flaira, sans demander à aucun des maréchaux ou généraux dont il était entouré le tabac qui lui manquait. Comme les décharges d'artillerie du côté de Probstheïde devenaient à chaque instant plus générales et plus alarmantes, et que l'on ramenait de plus en plus des blessés, j'étais surpris que, contre sa coutume, le chef de l'armée française restât ainsi calme, et en apparence fort peu inquiet de l'évènement, loin du champ de bataille, distant de plus de dix milles.

Il était environ quatre heures après-midi, quand un de ses aides-de-camp arriva en toute

---

(1) On reconnaît ici le goût des Allemands pour les petits détails; mais en songeant au personnage et à la situation dans laquelle il était alors, je n'ai pas cru devoir les supprimer dans la traduction. C'est en de telles circonstances qu'un narrateur peut ne pas craindre d'être minutieux.

hâte de la ville, et lui fit un rapport. Aussitôt les tambours battirent, et les divisions des gardes se mirent en mouvement. L'empereur monta aussitôt à cheval et les suivit. Il dirigea sa marche vers le Kohlgarten (joli village, où est un jardin public), laissant à sa droite le champ de bataille. Je connus bientôt la cause de ce mouvement. Le message l'informait de l'arrivée de la totalité de ses gardes qu'il attendait. Ils venaient de Düben, étaient entrés par la porte de Halle, et faisaient maintenant une contre-marche sur Dresde. Le nombre des hommes et celui des canons était considérable. J'étais très-persuadé que le plan de Napoléon était de marcher à droite derrière le Kohlgarten avec sa nouvelle armée, et de tourner par Stotteritz le flanc droit des ennemis, puis, comme il l'avait fait si souvent, de les attaquer et de les anéantir. Je fus bien trompé. L'empereur, avec sa suite, fit environ une centaine de pas jusqu'aux premières maisons du Kohlgarten, il s'y établit, et y passa paisiblement la nuit. La garde s'arrêta également dans le voisinage, et y bivouaqua. Le jour baissa : les palissades de la porte n'avaient laissé qu'un passage étroit, occupé sans interruption par les troupes et l'artillerie. Les gens à cheval et les piétons qui avaient besoin de retourner dans la ville avaient été arrêtés déjà pendant quelques heures. Leur nombre augmentait, et avec lui le danger. Il était impossible de chercher une autre entrée, car on eût couru le risque d'être pris par des milliers de piquets et fusillé, ou tout au moins conduit aux bivouacs. La nuit devint noire, il pleuvait fort, et je n'avais aucun abri. J'étais au milieu d'une foule de chevaux qui, à chaque moment, pouvaient me fouler aux pieds. Par bonheur, ils étaient tous assez tranquilles. Depuis long-temps, l'artillerie ne grondait plus; mais peut-être même ne l'eût-on pas entendue au milieu du bruit des chariots et des caissons, des cris des officiers et des soldats tant de cavalerie que d'infanterie, qui voulaient passer les premiers. Jamais, je crois, je ne reverrai une telle scène de confusion, dont il est impossible de se former une idée. Elle continua sans interruption depuis quatre heures de l'après-midi jusqu'à minuit: que l'on juge de la situation déplorable où j'étais placé! J'eus bientôt un spectacle plus triste. Des mères, tenant leurs enfans demi-nus par la main, des pères, cherchant leurs femmes et leurs familles, des enfans qui avaient perdu leurs parens dans la mêlée, des malades essayant de se frayer un chemin au milieu des chevaux, par-tout les cris de la misère et du désespoir. Tous ces malheureux s'entassèrent dans un lieu maussade entre le vieux hôpital et le mur voisin de la porte du Kolhgarten. A leurs cris et à leurs lamentations se joignaient les gémissemens des blessés qui allaient aux hôpitaux, demandant avec instance du pain et des secours. Les cœurs les plus tendres devenaient insensibles. Un récit funeste succédait à un autre : un tel a été pillé — tel autre a eu sa maison incendiée — cet homme a été sabré — cet autre percé de baïonnettes — ces malheureux cherchent leurs enfans. Tels étaient les rapports que faisait chaque nouveau fugitif. Enfin, vers minuit, le bruit s'appaisa un peu, du moins en ce qui concernait la marche des troupes. Je saisi alors le moment favorable, et me trouvai tout autre, lorsqu'après m'être avancé avec adresse et courage au milieu des chevaux, je mis de nouveau le pied dans la ville.

Malgré les désagrémens que j'avais éprouvés ce jour-là, je n'avais point encore vu ce qui était le principal objet de ma curiosité. Ce n'avait pas été une bataille, mais une affaire indécise, quoique chaude. Le premier acte de ce triste drame fut terminé par une illumination qui s'étendait aussi loin que la vue pouvait porter. Elle venait d'innombrables feux de bivouacs, et augmentait à mesure que les lignes de l'armée étaient fortifiées par l'arrivée de nouvelles troupes. On apercevait aussi beaucoup de maisons en feu. A peine la nuit fut-elle passée, que chacun s'attendit à voir recommencer cette action sanglante. Tout cependant resta tranquille, et le peuple s'avantura de nouveau dans les rues. Il fallait beaucoup de force d'ame pour ne pas être profondément affecté du spectacle qui s'offrait par-tout aux regards. Les cadavres de plusieurs soldats, arrivés malades au bivouac, étaient étendus nus dans les champs et sur les chemins. La mortalité avait encore été plus grande parmi les chevaux. On trouvait leurs carcasses presque à chaque pas. De quelque côté que l'on tournât les yeux, on en voyait qui, penchant la tête vers la terre, tombaient aussitôt pour ne plus se relever. A peine, sur le grand chemin, un homme à pied pouvait il trouver un passage. Tous les champs étaient couverts de bagages et de soldats. On avait placé des bivouacs, jusques sur le lieu même de l'action. Excepté quelques coups de fusil, on n'entendait continuellement que les mots : *Serrez, serrez.* Le grand évènement ne paraissait pas encore devoir être décidé ce jour-là, destiné sans doute à des reconnaissances. Les préparatifs pour la défense de la ville devinrent plus sérieux et plus alarmans. On avait palissadé et garni de chevaux de frise les avenues extérieures. Des meurtrières étaient pratiquées dans chaque mur, et des tirailleurs se tenaient derrière. Chaque jardin, chaque coin de haie étaient occupés par des piquets. Comme l'intérieur de la ville est plus à l'abri d'un coup de main, à cause de ses fortes murailles, on se contenta de pratiquer dans les grandes portes de bois des trous par lesquels on pourrait faire feu. Tout annonçait le dessein de n'épargner en rien la ville, quelque peu propre qu'elle fût pour être un point de défense. La seule circonstance qui rassurât les gens timides, c'était la présence de notre roi, pour qui Napoléon ne pouvait manquer d'avoir quelques égards.

Comme il ne paraissait pas probable d'obtenir au-dehors de grandes informations, je montai au haut d'un clocher. Je m'étais assuré, d'après tous les rapports, que le jour précédent les Autrichiens avaient pris la principale part à l'action. On avait amené quelques centaines de prisonniers. Aussi loin que le télescope pouvait porter, s'apercevaient de doubles et de triples lignes, dont l'œil cherchait vainement la fin. L'armée française s'étendait dans un vaste demi-cercle, de Paunsdorf à Probstheïde, et se perdait dans les bois de Konnewitz. Elle occupait en conséquence un espace de plus d'un mille d'Allemagne (plus d'une lieue et demie.) Derrière les lignes paraissaient des réserves, placées plus près de la ville. C'était de ce côté que les forces principales semblaient être réunies. Vers le nord et l'est les rangs étaient moins serrés. On ne pouvait discerner que quelques divisions des armées alliées ; mais on distinguait facilement les Cosaques à la distance de deux lieues. Le roi de Saxe venait d'éprouver leur audace, lorsque à une demi-lieue de Leipsick, il était déjà au milieu de l'armée française. Un grand nombre d'entr'eux tombèrent tout-à-coup sur lui, et un officier saxon, avec quatre-vingt hommes, fut obligé de leur faire face, jusqu'à ce que le roi eût gagné un lieu de sûreté. Ce fut la principale raison qui lui fit prendre le parti d'entrer dans la ville à cheval.

Le 15 d'octobre, jour où l'on s'attendait à des évènemens importans, s'était tranquillement passé. Depuis plusieurs semaines, la ville n'avait pas été plus calme que dans la nuit de ce jour. Rien n'annonçait la présence des troupes que les *qui vive*, sans cesse répétés aux portes. A mon retour des faubourgs, vers huit heures, je fus surpris tout-à-coup par un spectacle inattendu. J'aperçus, du côté de Pégau, trois fusées blanches montant à une grande hauteur, au milieu de l'obscurité. Je m'arrêtai pour voir ce qui allait s'ensuivre. Environ une minute plus tard, quatre fusées rouges s'élevèrent à l'horizon. Elles semblaient partir de Halle. Il n'y eut plus ensuite rien de semblable. Nul doute que ce ne fussent des signaux, et qu'ils n'eussent été donnés par les troupes combinées. Elles s'informaient ainsi de leurs situations respectives. Il devenait alors plus certain que jamais que le 16 serait le grand jour où se déciderait le sort de l'Allemagne. Je dis à quelques officiers français que, selon toute apparence, de nouvelles armées alliées étaient en marche sur Leipsick. Ils me contredirent nettement. Selon eux, le prince royal de Suède et le général Blücher avaient été obligés de se retirer précipitamment sur l'Elbe, attendu qu'une immense armée française s'était avancée sur Berlin. Ils étaient d'ailleurs convaincus que les renforts arrivés aux ennemis ne pouvaient être bien considérables, et ils avaient l'assurance, qu'à tout évènement, l'armée française serait parfaitement préparée à recevoir l'ennemi. Jamais ils n'avaient paru si sûrs de la victoire que dans cette circonstance (1). Outre les Français en garnison dans cette ville, il y avait beaucoup de soldats allemands qui montraient peu d'espérance. Ils allaient même jusqu'à manifester le dessein de ne faire aucune résistance, mais de passer aux alliés, comme plusieurs de leurs camarades avaient déjà fait : il n'y avait nulle raison de douter de leur sincérité. Ainsi se passa le second jour, entre l'espoir et la crainte.

Le 16 octobre commença par un brouillard épais. Le temps était sombre, pluvieux et froid.

---

(1) L'auteur rend ici, peut-être sans s'en douter, un bel hommage à ces officiers français. Il n'était pas possible qu'ils ignorassent l'étendue du danger, et combien de nouveaux ennemis l'ambition de Buonaparte avait armés contre la France ; mais ils étaient au milieu d'une ville qui n'attendait que le moment de se soulever : ils ne pouvaient guère compter sur l'affection des troupes alliées : ils affectaient un calme, une confiance qu'ils n'éprouvaient point pour imposer à la malveillance, et ne pas laisser abattre le courage de leurs soldats.

On pensa que les armées en présence, malgré leur ardeur pour le combat, attendraient avant de s'attaquer, que le brouillard fut dissipé. Cependant, peu-à-près six heures, le canon se fit entendre du côté de Liebertwolkowitz. Il devint plus fort, et s'approcha davantage. C'était sans doute en ce moment que les Autrichiens emportaient cette place d'assaut. On entendait déjà les feux de peloton. De notre position élevée, nous ne pouvions rien distinguer; l'épaisseur du brouillard nous cachait les objets à la distance de cent pas. Vers dix heures, l'artillerie tonna sur toute la ligne de bataille. L'atmosphère devint plus sereine, et les nuages se dissipèrent. On apercevait distinctement la lueur de chaque canon, du côté de Konnewitz. Mille de ces instrumens de mort portaient la destruction au milieu des deux armées. Le feu des chasseurs et des tirailleurs s'étendait de tous côtés, et nous découvrîmes bientôt des rangs entiers de bataillons et de régimens. C'était un engagement général; personne n'en pouvait douter, pas même ceux qui, de leur vie, n'avaient entendu tirer un seul coup de canon. Du côté des portes de Halle et de Ranstatt tout encore était tranquille, et je commençai à croire que les fusées m'avaient trompé. Le feu avait continué pendant six heures, et toutes les lignes étaient enveloppées dans des nuages de fumée, au travers desquels brillaient sans cesse des milliers d'éclairs. Jusqu'alors aucun parti ne semblait avoir perdu un pouce de terrain : toujours le bruit de l'artillerie semblait venir des mêmes lieux. On ne pouvait plus distinguer les coups partiels de chaque canon. Ils tiraient à-la-fois par centaines, et ne formaient qu'un seul roulement. Combien de victimes devaient avoir ensanglanté déjà le champ de bataille! A la fin, vers onze heures, un changement considérable parut avoir lieu. Le feu n'était pas plus éloigné, mais il devint moins général. On entendait des coups isolés, et les combattans semblaient disposés à suspendre un peu ces travaux de mort. Tout-à-coup, une canonnade effroyable commença au-delà de Lindenau, vers Lutzen, environ à une demi-lieue de la ville. Les batteries des alliés semblaient tirer de Kleinscocher; celles des français étaient placées sur les hauteurs de Lindenau. Le corps du comte Giulay y était arrivé, et je pensai que j'avais bien interprèté l'envoi des fusées. Je regardai alors vers le nord, dans la direction de Halle, où auparavant je n'avais presque rien vu. Combien je fus surpris, lorsque j'aperçus des lignes de soldats s'étendant au loin, et derrière elles de nouvelles colonnes! Il me sembla que les troupes si furieusement aux prises le matin, n'étaient que des gardes avancées des armées immenses, qui maintenant s'étendaient de plus en plus devant moi. Je ne peux encore concevoir d'où étaient venues les troupes françaises qui se rangèrent si rapidement en face de leurs ennemis. Une heure auparavant, je les aurais à peine évaluées à dix mille hommes, et j'estimai alors la totalité des combattans à deux cent mille. Quelques coups de canon ne furent probablement tirés que pour annoncer aux autres chefs l'arrivée de ces nouveaux corps. Immédiatement après, la cononnade au-delà de Lindenau qui avait duré deux heures, cessa entièrement. A l'aile gauche des Français, l'action était encore continuée avec vigueur. Il était environ midi, lorsque nous descendîmes pour savoir quelles nouvelles on avait eu dans la ville pendant ce temps. Il y avait devant la résidence de notre souverain un groupe d'officiers de tout rang. La garde de la ville était rangée en bataille, aussi bien que la garde des grenadiers. La musique jouait, quoique personne de nous ne pût concevoir ce que tout cela signifiait, quand le canon grondait encore au-devant de la ville. Nous apprîmes bientôt que les alliés avaient éprouvé une défaite totale; qu'un prince autrichien, l'archiduc Ferdinand, avait perdu un bras, et été fait prisonnier avec quatre mille hommes. On s'était, de plus, emparé d'une immense quantité d'artillerie. Ces nouvelles avaient dû être transmises du champ de bataille, et l'on faisait des préparatifs pour célébrer une si grande victoire. Un régiment de la garde se rendit à la promenade en avant de la ville (qui n'est plus hélas! aujourd'hui qu'un égoût empesté!) et, d'après les ordres qu'il avait reçu, célébra ce nouveau triomphe par les cris de *Vive l'empereur!* (1) Un très-petit nombre de citoyens prit part à leur joie; les plus intelligens secouèrent la tête, et, en vérité, ils n'avaient que trop sujet de douter de ces récits. Inter-

(1) Quelle basse jonglerie! quelle indignité d'obliger ainsi de braves gens, en les trompant les premiers, à être les organes d'une imposture dont la découverte ne put manquer de rendre la vérité plus cruelle. Au reste, ces détails ne nous étonneront plus, à présent que nous avons vu entrer à Paris les *débris* d'une armée battue, au nombre d'environ cent cinquante hommes, et comptant parmi leurs chefs, cinq ou six personnages *tués*, peu de temps auparavant, par les bulletins de Buonaparte.

rogeait-on les blessés qui, par troupes, se traînaient où étaient transportés aux portes de la ville ? leur réponse était : « Les Cosaques ont « encore la même position. » Aucun d'eux n'avait entendu dire qu'on eût pris du canon aux ennemis ; mais ils savaient très-bien qu'eux-mêmes en avaient perdu cinq pièces ce matin là même. Je ne peux concevoir comment le général en chef français, qui possède à un degré si éminent le coup-d'œil militaire, pût annoncer si promptement qu'il avait vaincu, lorsque tant de nombreuses armées des alliés ne faisaient que d'arriver sur le champ de bataille, et n'avaient pas encore tiré un seul coup de fusil. Les paysans qui s'étaient enfuis des environs de Grimma, déclarèrent qu'une nouvelle armée de Russes, commandée par le général Bennigsen, était en pleine marche vers cette place. Dans la vérité, il n'y avait encore eu jusques-là d'engagé qu'une petite partie des forces alliées. Bennigsen, le prince royal de Suède et le feld-maréchal Blücher n'étaient pas encore entrés en ligne. Si cette fiction fut inventée seulement pour tranquilliser notre roi aux dépends de la vérité, il était évident que ce but ne pouvait être atteint sans le compromettre. Ce traitement n'était pas mérité de la part d'un prince qui ne fut jamais coupable d'une fausseté volontaire (1).

Au milieu de ces réjouissances pour la victoire, on entendit de nouveau l'artillerie du côté de Lindenau. Ce bruit redoutable fut presqu'aussitôt répété à Taucha, Wiederitsch et Breitenfeld. L'armée suédoise et celle de Blücher étaient alors engagées. Nous retournâmes à notre clocher. Il n'y avait pas un seul

(1) En rendant ainsi justice à un prince aujourd'hui très-malheureux, l'auteur exprime le sentiment de tous les gens de bien. L'obstination du roi de Saxe à ne pas séparer ses intérêts de ceux de Buonaparte, lui a coûté trop cher pour qu'on ne remarque pas qu'il était digne d'un meilleur sort, et d'un autre allié. L'auteur rapporte ici une anecdote assez curieuse. Ce roi était avec un de ses ministres à une fenêtre de son palais de Dresde, tandis qu'un troupeau de bétail, remarquable par sa beauté, et destiné pour l'armée française, passait sur la place. Il vanta le soin paternel que Napoléon prenait de ses troupes, en leur procurant de telles provisions. « Sûrement, répondit le ministre, Votre Majesté ne sait pas que c'est aux dépends de ses malheureux sujets; car Napoléon ne paye rien. » — « C'est impossible! » s'écria le roi avec une vive indignation. En ce moment même il reçut de son domaine de Pillnitz, le plus beau de la Saxe, la nouvelle que Buonaparte avait fait enlever de force tout son bétail. C'étaient précisément ces mêmes animaux qui venaient de passer sous ses yeux.

endroit autour de la ville où les funestes machines ne portassent la destruction. Il était assez singulier que la canonnade fût plus violente, précisément sur le point où l'on prétendait que les alliés avaient éprouvé une si terrible défaite, c'est-à-dire à l'aile gauche, à Liebertwolkowitz. Nous vîmes des troupes fraîches, dont un gros corps de cavalerie polonaise faisait partie, s'avancer en toute hâte avec de l'artillerie, vers Lindenau, par la porte de Ranstadt. Napoléon lui-même, accompagné du roi de Naples, courut à cheval le long de la chaussée, jusqu'au lieu appelé le Kuhthurm, ou tour des vaches, probablement pour observer l'état des choses. Les alliés s'efforçaient de se rendre maîtres de la position voisine de Lindenau. Leur infanterie avait pénétré dans le village, mais elle en fut chassée, et il s'ensuivit un feu terrible de tirailleurs, assez près de nous pour que nous pussions distinguer la décharge de chaque pièce. Je remarquai en cette occasion les actions incroyables des voltigeurs français, qui défendirent un fossé près du Kuhtburm : ils couraient d'un bord à l'autre avec une prodigieuse agilité, tiraient avantage de la protection que leur offrait chaque arbre ou chaque haie, et faisaient le feu le plus vif et le plus rapide. Des boulets et des obus étaient tombés dans le village même, qui était en feu dans divers endroits. Il était impossible de juger qui avait l'avantage, à cause du terrain inégal et des bois, derrière lesquels l'engagement était le plus chaud. Un parti faisait autant d'efforts pour défendre cette importante position, que l'autre pour s'en emparer : les Français la gardèrent. Ainsi, dans cette occasion, il fallut leur accorder le prix de la victoire. A Breitenfeld, Lindenthal et Wiederitch, le sort de la journée fut différent. Là, les lignes des alliés gagnèrent du terrain; la canonnade était un baromètre infaillible. L'artillerie française recula, et fut chassée si près de Gohlis et d'Eutritsch, que les boulets des alliés tombèrent dans ces deux villages. La nuit survint, et ce vaste champ de bataille fut graduellement enveloppé dans l'obscurité. La bataille avait duré tout le jour autour de la ville. Les cloches des églises sonnèrent six heures, et, comme si les combattans se fussent accordés pour suspendre alors le carnage, le dernier coup de canon fut tiré au-delà de Lindenau. Le feu de la mousquetterie se soutint encore quelque temps; mais il diminua peu à peu, et cessa enfin tout-à-fait. On ne vit plus alors de tous les côtés de l'horizon qu'un cercle immense, formé par plusieurs milliers de feux de bivouac. Dans toutes les directions paraissaient des villages en feu, et par leur nombre on pouvait juger des ravages effectués dans cette terrible journée. Les effets en furent pour nous encore plus évidens, lorsque nous descendîmes dans les rues. Des milliers de blessés avaient été laissés à toutes les portes, et leur nombre s'accroissait à chaque moment. Beaucoup avaient perdu un bras ou une jambe, et se traînaient en poussant des gémissemens douloureux. Il ne pouvait pas être question de songer à panser leurs blessures; les pauvres malheureux les avaient eux-mêmes pansées comme ils avaient pu, avec quelques lambeaux. Tous cherchaient des hôpitaux, qui, en vérité, avaient été bien mal administrés par les Français. J'ai remarqué, au total, que le soldat mis hors d'état de servir n'est nulle part aussi négligé que dans l'armée française (1).

(1) L'auteur ne peut parler que de ce qu'il a vu; mais autrefois il n'existait pas d'hôpitaux militaires mieux administrés que ceux des armées françaises. C'est qu'alors on comptait pour beaucoup la vie des braves si indignement sacrifiés depuis par le *Génie du mal.*

Il en est du moins ainsi lorsqu'il a le plus besoin de secours, c'est-à-dire au moment où il vient d'être blessé. Il n'y avait pour le transport de ces soldats mutilés, ni charriots, ni d'autres moyens de transport; et cependant, la vie d'un grand nombre d'entr'eux eût pu être conservée par de tels moyens. Lorsque, six mois auparavant, les armées combinées de Prusse et de Russie marchèrent à Lutzen, et se disposèrent à combattre, on prit à cet égard les plus grandes précautions. Il est bien connu qu'elles purent ainsi emmener la plus grande partie de leurs blessés, et leur procurer tous les secours de l'art. Les dispositions du chef français étaient telles, au contraire, que cinq jours après l'action, l'on trouva sur le champ de bataille des soldats dont les blessures n'étaient pas encore pansées, et près de périr de besoin; ils durent sur-tout leur conservation aux chirurgiens et aux habitans de la ville. Il y a un grand nombre d'ambulances attachées à chaque colonne française; mais on ne peut les trouver là où elles seraient le plus nécessaires. On reconnaît généralement que les chirurgiens des armées françaises sont des hommes très-habiles; mais leur nombre paraît trop borné: un régiment complet n'en a que cinq. Les hôpitaux d'ailleurs offrent toujours des résultats déplorables, dans une campagne pendant laquelle on livre plusieurs grandes batailles. On est alors obligé d'entasser les malades et les blessés, comme il arriva en Saxe. Revenons à notre récit.

On ordonna d'évacuer, pour la réception des blessés, le magasin à blé, qui peut en recevoir 2,500. Chacun de ces malheureux reçut un billet à la porte extérieure de la ville, et fut dirigé sur cet hôpital. Les surveillans de cette opération ne songèrent jamais à ne distribuer ces billets qu'en proportion du nombre de malades que l'hôpital pourrait contenir. Ils continuèrent à envoyer tous les arrivans au magasin à blé, long-temps après l'époque où il était trop plein pour en recevoir encore. Enchanté d'avoir au moins atteint le but, le pauvre blessé faisait usage du reste de ses forces pour obtenir le plutôt possible du secours de la part des chirurgiens. Jugez de ce qu'il éprouvait quand ses espérances étaient cruellement trompées, quand il trouvait plusieurs centaines de ses compagnons de souffrance, gémissant de douleur sur les pierres humides, sans avoir de paille pour s'y reposer, sans abri d'aucune espèce, sans aucune assistance de médecins ou de chirurgiens, sans avoir même une goutte d'eau qu'ils avaient demandée si souvent, et avec tant d'instances; quand enfin recevant à la porte le refus le plus positif, il n'avait plus lui-même d'autre ressource que de chercher, comme les autres, sur le pavé, une couche que le plus souvent ses blessures le rendaient incapable de supporter! On ne faisait pas à lui plus d'attention qu'aux pierres sur lesquelles il exhalait ses souffrances. Quelques-uns essayaient d'aller chercher plus loin de quoi appaiser les angoisses de la soif et de la faim. Mais qui eût pu leur procurer ces secours? Depuis long-temps la ville était réduite à une extrême détresse. Les habitans mêmes avaient eu beaucoup de difficulté à se procurer, par argent, de quoi alimenter frugalement eux et leurs familles. Le soldat, accablé de besoins, devait se trouver heureux si ses sollicitations lui procuraient un morceau de pain ou une pomme: des milliers n'eurent pas ce bonheur.

Tel était l'état des choses au Magasin; tel était le spectacle qu'offraient toutes les rues, et principalement la place du Marché, où chaque endroit couvert était converti en hôpital : les conséquences étaient inévitables. Un grand nombre, comme on pouvait s'y attendre, périssaient la nuit, de faim, de froid ou de désespoir. Leur sort était à envier; ils n'avaient plus besoin d'aucune assistance humaine. Quel cœur n'eût pas saigné à ces scènes d'horreur! O vous, pères, mères, sœurs de ces infortunés Français, si vous aviez pu assister ici à l'agonie de vos fils et de vos frères, cet aspect, comme un fantôme hideux, vous apparaîtrait sans doute à vos derniers momens! Ah! les lauriers acquis par votre nation furent achetés au prix le plus exhorbitant!

J'ai oublié une circonstance digne d'être rapportée dans l'histoire de ce jour. La voici: Au milieu de la canonnade autour de Leipsick, quand toute la ville retentissait du bruit de l'artillerie; quand, à parler strictement, l'engagement général ne faisait que de commencer, toutes les cloches des églises étaient en branle, par ordre du chef français, pour célébrer la victoire remportée le matin. Rien de pareil n'a sans doute eu lieu dans aucune bataille à peine commencée, et terminée par la défaite de celui qui se prétendait victorieux. Cette journée toutefois resta encore indécise, selon les rapports de ceux qui revenaient de différens points du champ de bataille. Les deux partis, inspirés par un respect mutuel pour leur vaillance, s'abstinrent pendant la nuit de commettre des hostilités.

Les troupes combinées, qui dans deux journées sanglantes n'avaient pu amener l'action à un résultat favorable pour elles, avaient cependant gagné plusieurs avantages essentiels; elles s'étaient assurées des forces de leurs ennemis, et avaient connu la nature du terrain. Elles savaient quels points étaient les plus vulnérables, et pouvaient ainsi conjecturer comment l'ennemi manœuvrerait. Elles avaient la facilité de former leurs dispositions en conséquence, et de donner au plan de la bataille décisive cette perfection par laquelle il fut si particulièrement caractérisé. Sous ce point de vue, les alliés, sans que nous l'eussions soupçonné, avaient fait un pas considérable dans la nuit du troisième jour.

Selon l'opinion générale des habitans de Leipsick, le 17 devait être le jour important, le dernier acte de cette grande tragédie. Nous fûmes trompés dans nos conjectures. Le matin arriva, et nous n'entendîmes rien ni d'un côté ni de l'autre; car depuis long-temps nous avions cessé de faire attention aux simples coups de fusil. Les lignes françaises occupèrent Probstheïde, et tous les points où elles avaient été postées la veille. Cependant, l'ordre de bataille avait éprouvé un changement considérable. Les forces immenses qui s'étaient étendues au nord et à l'ouest avaient alors presque entièrement disparu. Le matin une canonnade commença vers Gohlis; mais bientôt elle cessa. Il y avait quelque cavalerie placée dans les prairies, entre la ville et Lindenau. On ne voyait, plus loin, qu'un petit nombre de troupes, et les alliés semblaient avoir renoncé à faire des tentatives ultérieures sur ce point. L'aile gauche de la grande armée française était à Abtnaundorf, et avait des forces imposantes à Taucha. Le centre s'étendait derrière le Kohlgarten et Stotteritz, jusqu'à Probstheïde; l'aile droite derrière Konnewitz, jusqu'au bois et à l'Elster. Quelques corps s'avançaient jusqu'à Markleeberg. L'armée combinée occupait des positions parallèles. Les motifs qui, pendant tout ce jour-là firent observer une espèce d'armistice, me sont inconnus. Cet évènement est d'autant plus surprenant, que Napoléon n'est pas accoutumé à différer long-temps une opération de cette importance. D'après ce que j'ai entendu dire, il n'y eut pas de pourparlers entre les deux partis. Plusieurs Français assurèrent que l'empereur attendait un renfort de trois corps, et qu'en conséquence, il n'entreprit rien ce jour-là (1). De tous côtés, des colonnes de fumée s'élevaient des villages réduits en cendres. En même temps, l'église de Probstheïde paraissait en flammes : elle s'écroula bientôt, et maintenant encore elle est entièrement détruite. On assure que le feu n'y fut mis que par négligence.

Tous les grands édifices de la ville furent alors désignés pour servir d'hôpitaux. Le nombre des blessés augmentait considérablement,

---

(1) Cette inaction s'explique parfaitement, de la part des troupes alliées, par leurs bulletins.

Selon celui des Autrichiens, le feld-maréchal Schwartzenberg remit au lendemain le renouvellement de l'attaque, parce que ce jour, 17, les corps du général Bennigsen et du comte Colloredo, ainsi que l'armée du prince royal de Suède étaient encore trop éloignés de la grande armée pour pouvoir prendre une part active au combat. Le soir même, le comte Colloredo se réunit à la grande armée, le prince royal vint à Taucha, et le général Bennigsen à Naunhoff.

Le bulletin prussien dit également que, vers le soir, l'armée du nord, commandée par le prince royal de Suède, arriva sur la gauche de l'armée de Silésie, commandée par Blücher, où on reçut de la grande armée l'assurance que les corps de Bennigsen et de Colloredo prendraient part à l'attaque générale, le lendemain 18.

et la plus grande partie d'entr'eux n'avaient d'autre asile que les rues. Plusieurs, après trois jours de souffrances, n'obtinrent aucun secours. Le roi resta dans la ville avec résolution, dans le dessein, comme l'évènement le prouva, d'y attendre son sort quel qu'il pût être. Notre condition était à chaque instant plus alarmante, et nos espérances diminuaient à mesure que notre anxiété devenait plus pénible. Que deviendrons-nous d'ici à demain? Telle était la question que nous nous faisions ce soir-là, et nous songions avec abattement à la matinée suivante. Nous avions été bien moins désolés au milieu du fracas de l'artillerie, que nous le fûmes à la fin de ce quatrième jour. C'était comme le calme profond qui précède la tempête. Les troupes combinées prirent congé de nous pour la nuit, comme elles l'avaient fait la veille, par trois coups de canon. C'était un dimanche, et on eût presque pu croire que les armées belligérantes avaient voulu qu'il s'écoulât en paix, par respect pour le *commandement* qui concerne ce jour (1).

---

(1) Sans ce mot *presque*, on pourrait renvoyer l'auteur à la note ci-dessus, qui explique les raisons de cette inaction.

Le 18 octobre parut enfin; jour égal en importance à bien des siècles, et auquel l'histoire en offre peu de comparables. Les chefs des alliés avaient déjà montré aux plus habiles généraux français, dans plusieurs grandes actions, qu'ils étaient dignes de se mesurer avec eux. Ils allaient maintenant entrer en lice avec celui que, pendant vingt années, une foule de panégyristes avait placé bien au-dessus des plus illustres généraux des temps anciens et modernes. Il était aisé de prévoir que, comme dans les occasions précédentes, il risquerait tout pour tout avoir, et pour terminer la campagne d'un seul coup. Il semblait ne songer à rien de moins qu'à l'entier anéantissement des alliés : je laisse aux juges compétens à décider si la situation où il s'était placé pouvait justifier ces espérances. Il fallait toutefois qu'il se fût cru bien sûr de la victoire, puisqu'il n'avait pris pour sa retraite que des précautions très-insuffisantes.

L'action commença au centre de l'armée française au-delà de Probstheïde, probablement par l'attaque des villages voisins ; car nous apprîmes depuis qu'ils avaient été plusieurs fois pris et repris. Ils ont été plus ou moins reduits à des amas de décombres. Pour que la destruction fût complétée ce jour-là, elle avait commencé avec le point du jour. Dès neuf heures du matin, toutes les lignes immenses qui s'étendaient de Taucha à Konnewitz étaient engagées. Comme ce dernier village est plus près de nous, il nous fut possible de voir plus distinctement ce qui s'y passait. De Losnig, village en avant de Konnewitz, un ravin, d'environ deux mille pas de longueur, s'étend du nord-ouest au sud-est. Il est bordé de tilleuls, d'aulnes et de chênes, et forme un angle avec le village. Au-delà de cette ligne étaient plusieurs batteries françaises. Avec nos lunettes nous pouvions parfaitement en distinguer les mouvemens continus, ainsi que chaque coup qu'elles tiraient. Pour mieux me mettre au fait, j'examinai deux jours plus tard cette partie du champ de bataille, et je vis que l'artillerie française devait avoir décrit un triangle; car le chemin qui, partant de Leipsick, traverse Dehlis et Losnig en passant derrière Konnewitz du nord au sud, était également garni de batteries françaises. Les maisons de ces villages leur avaient servi de point d'appui par-derrière, et un grand nombre d'entr'elles furent horriblement endommagées par les boulets des Autrichiens. L'artillerie de ces derniers paraît avoir eu un grand avantage, sous le rapport du terrain. Le canon français placé en batterie, de Konnewitz à Dehlis et Losnig, était dans un fond ; celui des Autrichiens sur des éminences. Ils avaient, de plus, l'avantage d'enfiler les deux angles formés par les batteries des Français. C'est ce qui fut prouvé par le grand nombre de canonniers et de chevaux trouvés morts dans les lignes des villages dont j'ai parlé : ils y avaient été foudroyés par le feu de leurs adversaires. Sur les éminences où était posté le canon des ennemis, le nombre des morts était beaucoup moindre; on s'apercevait même que ce n'étaient pas des artilleurs, mais des hommes d'infanterie, qui probablement avaient eu ordre de défendre ces batteries. Les fusils placés derrière eux confirmaient cette conjecture. Toutefois, ce point dut avoir été défendu avec obstination, car il ne fut pas pris de tout le jour (1).

(1) Cette dernière phrase, après tout ce que l'auteur vient de dire, avec beaucoup de netteté, de la position désavantageuse des Français sur ce point, est l'éloge le plus complet de leur courage. C'est sur-tout aux militaires qu'il appartient d'apprécier l'héroïsme qui sut conserver si long-temps un poste si peu tenable.

Le feu de la mousqueterie devint de plus en plus vif. On ne put chasser les tirailleurs français des bois auxquels leur aile gauche s'appuyait. Nous remarquâmes de fréquentes charges de cavalerie, qui parurent ne rien décider. Tous les villages derrière Konnewitz, sur le chemin de Borna jusqu'à Markleeberg, étaient en feu. Les coups de canon du centre des Français, ainsi que de l'aile gauche, se rapprochèrent graduellement de la ville. Le 7e corps, commandé par le général Reynier, était à l'aile gauche, et posté vers Taucha. Il était principalement composé de Saxons. Ils ne faisaient que de commencer à prendre part à l'action, et les alliés avaient déjà dirigé contre eux un grand nombre de canons. Leur chef, avec un étonnement et une consternation extrêmes, les vit tout-à-coup mettre leurs armes sur leurs épaules, marcher en avant, en lignes serrées, avec leur artillerie, et passer à l'ennemi. Plusieurs bataillons français, trompés par ce mouvement, se joignirent à eux, et furent aussitôt désarmés et faits prisonniers par les alliés. Les cuirassiers français, soupçonnant le dessein des Saxons, les suivirent, avec l'intention évidente de tomber sur eux. Les Saxons firent volte face, et par un vigoureux feu de mousqueterie, les forcèrent à s'en-retourner. On leur tira une volée de coups de fusil, mais avec peu d'effet. Leur artillerie à cheval attaqua, et bientôt démonta celle des Français. Ils furent reçus des Cosaques avec un joyeux *hourra*, et demandèrent à être aussitôt conduits contre les Français. Depuis long-temps ils désiraient venger les dévastations commises dans leur pays, par des alliés et des compagnons d'armes pour lesquels ils avaient si souvent répandu leur sang (1).

Les généraux des alliés refusèrent, par de très-bons motifs, d'accéder à leur demande. Les Saxons firent une lieue sur les derrières

---

(1) Ces expressions ne sont pas tout-à-fait exactes. Les Français, comme les Saxons, répandaient depuis long-temps leur sang pour un seul homme. Quant aux dévastations, c'est encore au chef qu'il faut les attribuer. Une discipline sévère contient toujours le soldat, de quelque nation qu'il soit; mais comment aurait-il ménagé ses alliés, celui qui organisa, au commencement de cette année, *en France même*, des corps de partisans; celui qui, la veille du jour où sa chute fut irrévocablement décidée, promettait à ses troupes *le pillage pendant quarante-huit heures, de ce Paris dont il avait autrefois mitraillé les habitans*, et que, malgré tant de motifs de vengeance, les alliés victorieux avaient épargné.

du champ de bataille, et bivouaquèrent. Leur artillerie seule fut ensuite invitée à prendre part à l'action, et fit beaucoup d'effet. Cette circonstance eut une influence essentielle sur l'issue de la journée. La défection d'un corps de plus de huit mille hommes facilita les progrès de l'aile droite des alliés. Mais sans le parti qu'ils prirent, les Saxons eussent été dans une situation fort critique : les alliés avaient déjà dirigé contre eux plus de trente pièces de canon, et se disposaient à en amener un plus grand nombre. Ces pièces furent très-nuisibles aux Français, qui rétrogradèrent presque jusqu'au Kohlgarten. Cependant le centre des Français restait toujours inébranlable : du moins, nous ne pûmes observer de la ville rien qui annonçât un mouvement rétrograde. On pouvait juger combien cette action effroyable faisait verser de sang, par les milliers de blessés qui, poussant des cris douloureux, se traînaient ou étaient conduits aux portes de la ville. Parmi ces derniers, étaient des officiers de marque. Si l'on demandait à ceux qui revenaient du champ de bataille comment allait l'action, leur réponse presque invariable était : « Assez mal : l'ennemi est très-fort. » Un cuirassier saxon déclara sans réserve, qu'on pouvait la considérer comme décidée. Il ajouta: « Nous avons déjà perdu beaucoup de terrain. » Stotteritz et Schonefeld furent emportés de vive force dans la même soirée. Toutes les rues étaient couvertes de blessés, et ceux qui purent trouver un abri furent bien heureux. Quant aux secours des chirurgiens et aux rafraîchissemens, il ne fallait pas y songer. Un nombre beaucoup plus grand de ces infortunés furent abandonnés dans les villages, comme on put le reconnaître aux membres entassés en monceaux que l'on y trouva, et principalement à Probstheïde.

Si quelqu'un des corps alliés fût ce jour-là parvenu à pénétrer dans notre ville, il est probable que le résultat n'eût pas été moindre que la destruction totale de l'armée française; puisque de là, comme du centre du champ de bataille, il eût tombé sur les derrières des troupes françaises, et attaqué à-la-fois le corps principal et les ailes. Napoléon avait eu grand soin de prévenir ce malheur. Il sentit cependant alors que son armée était battue, et qu'il ne lui était plus possible de maintenir l'action: il prit le parti de la retraite; mais il fit tous ses efforts pour cacher sa résolution à ses ennemis. Quoique la nuit fût venue, le canon grondait avec autant de fureur que le matin, et le feu de la mousqueterie était plus vif que jamais. On vit une longue colonne, avec un interminable train d'artillerie, défiler de Probstheïde à Konnewitz. Je tremblai de nouveau pour la cause des alliés, imaginant que c'était la garde qui marchait pour attaquer leur aile droite (1). Je crus le moment arrivé où Napoléon frapperait le coup décisif, que si souvent il avait différé jusqu'à la dernière heure d'une bataille. Peu après, la canonnade sembla redoubler de vigueur, et dura une heure, sans discontinuer, avec une telle violence que toutes les maisons de la ville en étaient ébranlées. Cependant, comme elle cessa, sans se reproduire à une plus grande distance, nous conclûmes naturellement que cette dernière attaque n'avait pas eu de succès. Plus de dix

(1) Il n'est pas besoin de faire sentir combien dans ce passage, cette garde immortelle est dignement appréciée. L'auteur, Allemand et habitant de Leipsick, fait des vœux pour les alliés qu'il regarde, non sans raison, comme des libérateurs. Tout lui a prouvé qu'ils sont victorieux; et l'aspect seul d'un corps qu'il prend pour la garde, lui fait soudain penser qu'ils vont être anéantis!

vastes embrâsemens éclairaient tout l'horizon dans l'obscurité de la nuit.

Le tumulte extrême de la ville ne nous permit pas de remarquer que la retraite avait réellement commencé. La plus grande partie des gens attachés à l'armée avaient déjà quitté la ville; les autres faisaient tous les préparatifs de leur départ. La plupart d'entr'eux ne tenaient plus le même langage que le jour précédent. Ils parlaient alors des misères de la guerre, déploraient les souffrances du peuple, et déclaraient que pour tous la paix serait le plus grand des biens. Le nombre des officiers français était si grand, que ceux mêmes d'un haut rang furent obligés de se contenter des demeures les plus misérables, qu'ils payaient chèrement, et de laisser dans la rue leurs équipages avec leurs chevaux. Un de ces officiers vint loger la nuit dans une maison peu considérable dans mon voisinage. A minuit, on vint lui dire que sa colonne venait de commencer à se retirer. Il s'informa si toute l'armée en faisait autant. Le message lui répondit qu'il l'ignorait. Cette circonstance me confirma dans la pensée que les Français avaient été défaits, et rendit très-probable la retraite de toute leur armée. Plusieurs employés français avaient depuis quelques jours échangé leur uniforme contre le costume bourgeois, afin d'attendre avec moins d'inquiétude l'issue des évènemens. Le général Bertrand, gouverneur de la ville, agit avec plus de fermeté. Quoique ses connaissances militaires le portassent peut-être à désespérer du succès, il n'abandonna point son poste, lors du départ précipité de l'empereur, et fut fait prisonnier le jour suivant.

Ainsi se termina le cinquième jour. Pendant ce jour mémorable, un champ de bataille d'une immense étendue fut couvert de sang, et un des plus florissans districts de la Saxe fut livré aux flammes. Les habitans de Leipsick virent avec d'égales inquiétudes son commencement et sa fin. Quoiqu'il nous parût probable à tous que dans cet engagement colossal, la victoire avait abandonné Buonaparte, le sort de notre ville était loin d'être décidé. Nous étions encore au cratère d'un redoutable volcan qui pouvait, par une seule éruption, nous anéantir. Napoléon avait reçu un échec terrible : il lui fallait maintenant opposer une barrière immédiate à la course impétueuse des vainqueurs, et prévenir la perte totale de ce qui lui restait encore de troupes, d'artillerie et de bagages. La seule place dont il pût faire usage pour remplir ce dessein, était Leipsick. Il n'existait plus rien de tout ce que l'art avait opéré pour en faire une position défensive. Des pallissades, des haies, des murs de terre grasse pouvaient à peine résister à un coup de fusil (1). Il fallait y suppléer par des *murailles vivantes :* on prit ce parti de manière à nous frapper tous de consternation.

Au point du jour du 19, les alliés mirent la dernière main à leur grand ouvrage. Une partie considérable de l'armée française avait déjà passé autour de la ville et dans son intérieur avec une grande précipitation. Les troupes qui couvraient la retraite furent attaquées avec fureur, et de tous côtés chassées dans l'intérieur de la ville. Napoléon essaya d'arrêter les vainqueurs par un expédient qui, si souvent auparavant, avait produit des effets extraordinaires : il tenta les voies de la négociation.

---

(1) A un coup de fusil, c'est un peu trop dire ; mais il n'en est pas moins vrai qu'une attaque en règle devait détruire tous ces faibles retranchemens. Nous, Parisiens, nous nous souvenons de ce qu'auraient été nos palissades ridicules, sans l'heureux concours d'évènemens qui les rendirent superflues.

Il fit proposer d'évacuer volontairement la ville, et de déclarer neutres les troupes saxonnes qui s'y trouvaient, sous la condition que l'armée en retraite aurait assez de temps pour se retirer avec son artillerie et ses chariots, et gagner un point désigné. Les alliés sentirent que Buonaparte aurait un trop grand avantage, puisqu'il songeait bien moins au sort de la ville qu'aux moyens de se retirer sans obstacles. Ils refusèrent donc ces conditions, et plusieurs centaines de pièces d'artillerie commencèrent à tirer sur Leipsick. Notre perte aurait été décidée, si les souverains alliés eussent eu des sentimens moins généreux. Il leur était nécessaire de s'emparer de Leipsick, à quelque prix que ce fût; ils y fussent parvenus par la voie la plus courte, s'ils l'eussent attaqué seulement une heure avec des bombes, des boulets rouges, et des fusées à la Congrève, dont une batterie anglaise qui les accompagnait était abondamment fournie. Leur humanité ne put consentir à faire subir à la population innocente d'une ville allemande, le sort de Saragosse ou de Moscou. Ils résolurent de prendre la ville d'assaut. Déterminés à ne soutenir les assaillans qu'avec l'artillerie nécessaire pour réduire au silence celle de l'ennemi, et le forcer à se retirer des portes et des avenues palissadées.

Cependant, les décharges de l'artillerie, voisine de nous, étaient si redoutables, que chacune d'elles semblait pouvoir anéantir la ville. Le roi de Saxe lui-même envoya des parlementaires, pour obtenir qu'on nous épargnât. Les alliés répondirent que l'on y consentirait autant que la défense de l'ennemi pourrait le permettre. Ils promirent toutefois sûreté aux personnes et aux propriétés, quand la place serait prise, et la discipline la plus sévère que l'on pourrait observer en de telles circonstances. Ils ajoutèrent que l'on ne devrait cacher dans la ville aucun Français; et que toute maison où un ou plusieurs d'entr'eux seraient trouvés, courrait le risque d'être réduite en cendres. Aussitôt le canon se fit entendre du nord à l'est, dirigé en partie contre les palissades des portes, en partie contre l'artillerie française qui défendait les avenues. Pendant plus de deux heures les boulets et les obus tombèrent de l'est et du nord dans les faubourgs et dans la ville même. Plus d'une fois je fus frappé d'étonnement aux effets produits par un seul boulet, qui souvent pénétrait des murs épais, et poursuivait encore sa course au-delà. Quoiqu'ils tombassent rarement dans les rues, il était impossible de sortir de chez soi sans risquer sa vie; car ces boulets enlevaient de grands fragmens de toits, de cheminées et de murailles qui, se précipitant avec un fracas horrible, menaçaient d'ensevelir tous les passans sous leurs ruines. Les bombes faisaient encore plus de mal; s'enflammant aussitôt qu'elles étaient tombées, elles incendiaient tout autour d'elles. Par bonheur pour nous, il en tomba peu dans la ville. Le plus grand nombre vint du nord, c'est-à-dire dans la direction de Halle. Le feu prit trois fois dans le quartier de Brühl. En peu de temps, il consuma plusieurs maisons contiguës au mur de la ville; et il fallut, pour l'empêcher de faire des progrès, porter de prompts secours. Les alliés voulaient prouver à l'ennemi en retraite, qu'ils avaient pour principal but d'épargner la ville, dont ils étaient maîtres d'opérer la destruction. Pfaffendorf, ferme voisine du nord de la ville, avait déjà été réduite en cendres, lorsque les chasseurs russes y avaient pénétré à travers le Rosenthal, et était consumée jusqu'aux murailles mêmes. Comme ce lieu avait été converti en hôpital, plusieurs infortunés y périrent dans les flammes.

On peut aisément se figurer les sensations des habitans de la ville supérieure, lorsqu'ils virent s'élever de l'inférieure des nuages noirs de fumée; et que le feu continu de l'artillerie les empêcha de s'y rendre pour obtenir des notions utiles, ou pour apporter des secours à leurs concitoyens. Là, comme par-tout ailleurs, les angoisses des habitans étaient portées au plus haut degré. Un cri général s'éleva que plusieurs rues étaient déjà en feu, et chacun se rendit à sa maison pour s'opposer, s'il le pouvait, à un tel malheur. Il devint de plus en plus dangereux de rester aux étages supérieurs : les habitans les abandonnèrent et se réfugièrent dans les cuisines ou dans les caves. Les terreurs des Français qui se trouvaient par hasard dans l'intérieur des maisons étaient encore plus grandes. Au milieu de ce désastre, je ne m'occupai qu'à connaître ce qui se passait dans les faubourgs. Je trouvai dans les rues une confusion inexprimable, un peuple courant dans toutes les directions; des officiers conduisant aux portes leurs soldats. Les cris retentissaient de tous côtés. On voyait des fusils et des gibernes épars çà et là dans les rues. La garde des grenadiers saxons se rangea devant le palais du roi dans une attitude remarquable, morne et les armes baissées. Les individus sans armes tâchaient de gagner la maison la plus proche, mais pour la plupart du temps ils la trouvaient fermée. Un grand nombre étaient morts ou avaient été grièvement blessés par les balles qui tombaient à terre dans toutes les directions. Napoléon était encore dans la ville, et près de notre roi. Il eut avec lui une conversation très-animée, qui dura près d'une heure. Peu de temps après je le vis s'acheminer avec le roi de Naples vers la porte de Ranstadt. J'avais saisi l'occasion de me glisser dans une maison de cette rue, et, pour la première fois, je vis une retraite française dans toute sa confusion. Il n'était pas possible d'y observer la moindre régularité. Les gardes à pied et à cheval étaient confondus. Ils se fussent sans doute mis en marche plus tôt, s'ils n'en eussent été empêchés par les canons et les bagages qui obstruaient le chemin. Ils furent obligés de passer isolément parmi eux, et je crois qu'ils furent bien au moins six heures avant de pouvoir effectuer leur passage. On emmenait un grand nombre de bestiaux, dont la plupart furent vendus à très-bas prix dans les rues pendant la confusion générale. Tout-à-coup, nous vîmes Buonaparte lui-même qui, avec une suite assez nombreuse, s'avançait à cheval, au milieu de cette immense confusion. J'appris dans la suite qu'il avait gagné à travers un jardin la porte de Ranstadt. Le prince Poniatowsky essaya de passer à gué, un peu plus haut, la rivière d'Elster. Les rives sont des deux côtés marécageuses et d'une hauteur considérable. Le lit du fleuve est étroit, et, dans cette partie, très-fangeux et très-profond. Je ne saurais imaginer comment un aussi bon cavalier ne put diriger son cheval. D'après ce que l'on rapporte, l'animal plongea dans l'eau, de manière que son maître ne pût s'en dégager. Quelques jours après on retrouva son corps, qui fut enterré avec tous les honneurs militaires dus à son rang (1).

---

(1) L'auteur aurait dû ajouter, et à son courage et à son dévouement à la cause qu'il avait embrassé. Les plus illustres des princes et chefs alliés se sont honorés de rendre hommage à la mémoire du généreux et infortuné Poniatowski. Au reste, voici ce que l'auteur ajoute ici en note :

« Le prince Joseph Poniatowski était le neveu de Stanilas Auguste, dernier roi de Pologne, et il n'est pas douteux que, pour l'attirer à son parti, Buonaparte ne lui ait fait espérer le rétablissement de sa patrie. Les circonstances de sa mort sont ainsi rapportées par son aide-de-camp : « Le 19 octobre, lorsque l'armée française commença sa retraite, le prince fut chargé par

Le général en chef ayant quitté la ville avec tant de précipitation, nous ne pûmes douter

---

Napoléon de défendre la partie des faubourgs de Leipsick qui avoisine le plus le chemin de Borno. Il n'avait pour y parvenir que deux mille hommes d'infanterie polonaise. Il aperçut sur son flanc gauche, les colonnes françaises en pleine retraite, et le pont tellement encombré de leur artillerie et de leurs chariots, qu'il n'était plus possible d'y passer. Tirant alors son sabre, et se tournant vers ses officiers qui étaient près de lui: « Messieurs, leur dit-il, c'est ici qu'il faut succomber « avec honneur! » Il s'élança aussitôt, à la tête d'un petit nombre de cuirassiers et d'officiers polonais, sur les colonnes des alliés. Le 14 et le 16, il avait été déjà blessé. A cette dernière action, il reçut une balle dans le bras gauche. Il n'en marcha pas moins en avant; mais il trouva les faubourgs remplis de troupes alliées qui accoururent pour le faire prisonnier. Il se fit jour parmi elles, reçut une autre blessure, se jeta dans la Pleisse, et avec le secours de ses officiers, gagna le bord opposé, laissant son cheval au milieu de la rivière. Quoique très-épuisé, il en monta un autre, et s'avança vers l'Elster, qui était alors bordé de tirailleurs saxons et prussiens. Voyant qu'ils avançaient sur lui de tous côtés, il se jeta dans la rivière, et aussitôt disparut avec son cheval. Plusieurs officiers qui s'y précipitèrent après lui furent également noyés; d'autres furent pris sur la rivière, ou au milieu de l'eau. Cinq jours après (le 24 octobre), un pêcheur trouva le corps du prince, et le retira de l'eau. Il avait son grand uniforme, dont plus long-temps que l'ennemi ne fût près de nos murailles. Le feu de l'artillerie et de la mousqueterie qui s'approchait de plus en plus en était une preuve bien plus convainquante que nous ne le désirions. Les conducteurs des trains d'artillerie commencèrent à couper les traits pour sauver leurs chevaux. Le tumulte augmenta parmi les soldats. Une faible arrière-garde avait pris poste dans le jardin de Reichel pour tenir les alliés en échec, dans le cas où ils pénétreraient par le grand chemin. Nous les croyions encore à une distance considérable, lorsque des cris confus annoncèrent tout-à-coup que les Russes s'étaient emparés de la porte de Peter, et s'avançaient du Rossplatz. Les alarmes des Français furent extrêmes. Les chasseurs russes tombèrent sur eux tous à la fois, au pas de course, avec des *hourras* multipliés et la baïonnette en avant. Ils tirèrent tous sans s'ar-

---

les épaulettes étaient ornées de diamans. A ses doigts étaient des bagues précieuses, et ses poches contenaient des tabatières de grande valeur avec d'autres bijoux. Les officiers polonais faits prisonniers achetèrent avec empressement plusieurs de ces objets, dans l'intention évidente de les transmettre à sa famille; de sorte que le tout valut au pêcheur une somme d'argent considérable. »

rêter. Je crus devoir alors quitter mon dangereux poste, et me rendre chez moi en toute hâte. J'appris en route que les Prussiens venaient de s'emparer de la porte Grimma, et qu'en peu de minutes ils seraient dans la ville. De tous côtés on entendait le bruit de la mousqueterie, mêlé de temps en temps à celui du canon, qui déjà tirait dans les faubourgs sur les chariots. Les balles sifflaient au milieu des rues. J'aperçus de ma fenêtre deux chasseurs prussiens qui faisaient feu sur les Français. Derrière eux j'entendis le pas de charge; et des milliers de voix criant *vive Frédéric-Guillaume!* Une compagnie de chasseurs badois était chargée de défendre l'intérieur de la porte de Peter. Ces troupes abandonnèrent aussitôt leur poste, et coururent aussi vite qu'elles le purent vers la place du marché. Là elles firent halte, et, comme les grenadiers de la garde saxonne, ne tirèrent pas un seul coup de fusil.

Ce moment redouté depuis si long-temps, et désiré toutefois était enfin arrivé. Nous n'eussions jamais cru, après la journée du 2 mai, revoir à Leipsick une armée de Prussiens; cependant il en était alors ainsi. Ils nous avaient quittés en amis, et, par leur conduite exemplaire, s'étaient acquis tout notre respect. Nous conservions d'eux, comme des Russes, les plus honorables souvenirs. Ils reparaissaient en ennemis que leur devoir avait forcés de prendre notre ville d'assaut. Nos frères et nos enfans avaient combattu contre eux. A quel sort ne devions-nous pas nous attendre? Nous n'avions pas oublié celui qu'avait éprouvé Lubeck, sept années auparavant, dans de pareilles circonstances. Mais ces guerriers alliés, terribles dans les batailles, étaient doux et généreux envers les citoyens sans défense. Autant que j'ai pu le savoir, aucun d'eux ne se rendit coupable du moindre excès dans l'intérieur de nos murailles. Ils payèrent même en espèces le pain, le tabac et l'eau-de-vie. A la vérité, les faubourgs n'eurent pas le même bonheur. Plusieurs de leurs habitans eurent beaucoup à souffrir; mais comment eût-il été possible aux chefs d'être présens par-tout, et de prévenir tous les désordres, après une bataille qui s'était étendue à tous les quartiers de la ville?

Il était une heure et demie quand les alliés pénétrèrent dans Leipsick. On avait en cette occasion fait peu d'usage de l'artillerie, et nullement dans l'intérieur de la place. Si les alliés n'eussent pas voulu ménager à ce point la ville, ils auraient épargné les jours de plusieurs centaines de leurs braves soldats. Ils se servirent de l'infanterie pour l'attaque, afin que la ville ne fût pas entièrement détruite. Cette grande entreprise était alors presque entièrement terminée. Avec quelque intrépidité que les Français se défendissent, ils étaient cependant incapables de résister aux masses de fer des assaillans (1). Ils furent enfoncés dans tous les quartiers, et chassés de la place. Les rues, particulièrement dans les faubourgs, étaient couvertes de morts. J'en ai souvent compté huit dans un très-petit espace. Une heure après l'action l'on pouvait aller sans danger dans toutes les parties de la ville; mais de quels spectacles les yeux étaient-ils alors frappés! Leipsick, y compris ses faubourgs, n'occupe pas un espace moindre d'un mille allemand en carré. Sur toute cette étendue de terrain, il y

---

(1) Tous ces mots, fidèlement traduits, doivent être pesés. On y voit la confirmation de ce qui a déjà été dit. Les Français se défendaient avec leur intrépidité accoutumée, mais ils ne pouvaient résister à ces *masses de fer*, c'est-à-dire, à ces ennemis, également braves et infiniment plus nombreux, que l'obstination de Buonaparte les forçait d'affronter, sans le moindre espoir de les vaincre; parce qu'à la guerre comme ailleurs, il ne se fait point de miracles.

avait à peine un emplacement, non occupé par les maisons, qui n'offrît des traces de cette sanglante bataille. Plus on approchait de la porte de Ranstadt, plus le nombre des cadavres entassés était considérable. Le terrain était couvert de corps morts, et principalement de chevaux. La chaussée de Ranstadt, traversée par celle que l'on appelle *le Mühlgraben* (l'écluse du Moulin), offrait sur-tout un spectacle horrible. Par-tout on voyait des hommes et des chevaux, entassés dans l'eau où ils avaient trouvé la mort, et offrant à la surface des groupes hideux. C'était là que les colonnes sorties des portes à la poursuite de l'ennemi s'étaient pour la plupart réunies, et avaient porté des coups certains sur des troupes amoncelées. Mais l'aspect le plus affreux était celui du beau jardin de Richter, autrefois l'ornement de la ville, dans le voisinage de l'Elster. La cavalerie dut y avoir été engagée; du moins y vis-je un grand nombre de cuirassiers français étendus morts. Tout le long de la rive, des têtes, des pieds et des bras paraissaient au-dessus de l'eau. Un grand nombre de guerriers étaient morts en essayant de traverser ce fleuve perfide. Des gens du peuple s'occupaient alors à ramasser les armes abandonnées par les fuyards, et ils en avaient déjà formé un monceau assez considérable.

Les ruines fumantes des villes et des villages totalement détruits, ou les vastes étendues de terrains submergés, présentent sans doute un spectacle bien douloureux ; mais un champ de bataille est certainement ce que l'œil peut jamais contempler de plus horrible. C'est là que la Mort fait sa plus abondante moisson, et triomphe au milieu des souffrances de l'humanité, multipliées sous mille formes. Là se trouvent réunis une foule d'objets hétérogènes qu'il est impossible de rencontrer ailleurs. Des restes de torches, des ossemens et des chairs d'animaux massacrés, des vêtemens épars, des gibernes, des fusils brisés, des chariots fracassés, des armes de toutes sortes, des milliers de morts et de mourans, des corps d'hommes et de chevaux ; le tout mêlé, confondu en mille endroits. Oui, je frémis toutes les fois que je rappelle à ma mémoire cette scène affreuse que, pour l'univers entier, je ne voudrais pas revoir. C'était là toutefois le spectacle qui s'offrait à moi ; il était tel, que quiconque eût autrefois vu les charmans environs de Leipsick, ne les aurait pas alors reconnus. Les barrières, les parcs, les haies et les murs étaient détruits. Tous les vastes et beaux jardins environnant la ville, avaient également été dévastés. Quant aux maisons, celles qui avoisinaient à l'extérieur les portes de la ville, avaient le plus souffert. Un grand nombre étaient percées à jour de toutes parts. Toutefois, et quoique plus de mille boulets eussent été tirés contre la ville, ces malheurs n'admettaient aucune comparaison avec ceux qui eussent pu arriver, et que nous avions tant sujet de craindre. Nous espérons de l'avenir notre prospérité. Le commerce de Leipsick renaîtra; et l'activité, l'industrie, le bon goût de ses habitans, feront sans doute, d'ici à quelque temps, disparaître toutes ces ruines.

Voici d'autres traits, absolument nécessaires pour compléter ce terrible tableau. Cet homme qui avait été si long-temps le fléau de l'Allemagne et de l'Europe était alors en fuite. Environ à une lieue de la ville l'ardeur de la poursuite se ralentit. L'armée défaite s'arrêta d'abord à Markranstadt pour reprendre haleine, et se réunir. Le butin fait par les alliés fut immense. Les faubourgs étaient encombrés de chariots et d'artillerie que l'ennemi avait été forcé d'abandonner. L'œil le plus expérimenté n'aurait pu en estimer le nombre. Les alliés les laissèrent aux lieux mêmes où ils étaient et se contentèrent d'examiner les chariots. Toutes les rues étaient remplies de troupes alliées, qui avaient combattu les unes loin des autres, et qui se réunissaient alors pour se féliciter mutuellement d'une victoire si importante. Peu de temps après que la ville fut prise, les souverains alliés y firent leur entrée. Ils y parurent sans pompe, avec l'uniforme de simples officiers, et entourés des généraux Blücher, Bulow, Platow, Barclay de Tolly, Schwartzenberg, Repnin, Sanders et autres militaires renommés. Les acclamations du peuple n'eurent pas de bornes; des milliers de voix faisaient retentir l'air de *hourras* et de *vivat!* Des mouchoirs blancs, symboles de paix, étaient agités à toutes les fenêtres (1). Quelques habitans furent assez malheureux pour ne pas prendre part à la joie générale dans ce mémorable jour. Ce fut la seule, mais sévère punition de ces gens qui n'avaient pas d'affection pour leur patrie. Jamais des ac-

---

(1) Telle fut, mais plus en grand, mais avec une affluence plus considérable, et sans aucune circonstance douloureuse, l'entrée de Louis XVIII dans sa capitale, le 3 mai dernier, jour dont le souvenir ne périra jamais; jour où fut sanctionné la réconciliation de la France avec l'Europe, avec l'univers entier.

clamations plus sincères ne félicitèrent des souverains vainqueurs. Ils étaient suivis d'une immense quantité de troupes qui avaient pris part à cette lutte terrible. Au milieu des Cosaques et des hussards prussiens, russes et autrichiens, paraissait notre brave cavalerie saxonne, résolue de combattre à l'avenir pour la liberté de l'Allemagne et les intérêts de son pays natal.

Un grand nombre de régimens continuèrent aussitôt leur marche sans faire halte, et prirent les uns la route de Pégau, les autres celle de Mersebourg, afin de poursuivre l'ennemi en flanc et sur ses derrières. L'armée de Blücher s'était avancée la veille dans le voisinage de Mersebourg, et y avait alors pris poste sur le flanc de l'armée en retraite. Leipsick n'avait plus rien à craindre : par-tout on voyait des officiers et des soldats français mêlés avec les troupes alliées. On les rassemblait de temps en temps pour les conduire ailleurs. Dans les premiers instans on n'avait fait à eux que fort peu d'attention; car toutes les portes étaient gardées, et il était bien difficile qu'aucun pût s'enfuir.

Quelques corps seulement des troupes combinées s'étaient mis à la poursuite de l'ennemi.

La plupart, dont le nombre était immense, se reposait, autour de la ville, des fatigues d'une action si longue et si sanglante. Une partie des équipages entra dans Leipsick, et toutes les rues en furent bientôt tellement remplies, qu'à peine pouvait-on s'y trouver sans courir risque de la vie. Les souverains alliés descendirent dans la place du Marché, où en conséquence le concours des gardes et des équipages fut considérable. Ce fut là que je vis le dernier commandant français de la place. Marchant à pied, et suivi d'un grand nombre d'officiers et de commissaires des guerres, il s'avancait vers les généraux russes. Le sort du général Bertrand était sans doute fort à plaindre : c'était un homme vraiment honnête, qui n'avait pris aucune part aux maux inexprimables dont nous avions été accablés depuis six mois. Je n'éprouvai pas les mêmes sentimens pour les commissaires, qui avaient attiré des malheurs sans nombre sur tous les pays où ils avaient mis le pied. Je n'aperçus aucun changement à la demeure de notre souverain, sinon qu'une grande quantité de généraux et d'officiers saxons s'étaient rassemblés près de ce palais. Les grenadiers à pied de la garde royale étaient à leur poste, comme auparavant, et un bataillon de grenadiers russes avait été placé devant les fenêtres. Aucune entrevue, à ma connaissance, n'eut lieu entre le roi de Saxe et les monarques alliés. Le roi de Prusse eut une longue conversation avec le prince royal. Les empereurs d'Autriche et de Russie, ainsi que le prince royal de Suède, retournèrent promptement à l'armée. Après le départ du roi de Prusse, notre souverain partit pour Berlin, avec une escorte de Cosaques.

Dès le commencement de l'année, nous avions eu constamment des hôpitaux français, depuis la bataille de Lutzen et la dénonciation de l'armistice; le nombre des malades ou blessés qu'ils contenaient s'élevait à plus de vingt mille hommes. Ils furent pour les habitans un fléau terrible. Ils introduisirent parmi eux une fièvre nerveuse horriblement destructive, qui avait accru presque du double le nombre des morts. Considérés sous ce seul point de vue, ils étaient un des plus grands maux dont la ville fut affligée; mais ce mal fut encore augmenté par la dépense occasionnée à tout le pays. Buonaparte ne s'informait jamais d'où provenaient les sommes immenses qui faisaient subsister ses troupes, et ne songeait nullement à faire à cet égard la plus légère compensation.

En comptant dix mille malades pendant six mois, et pour chacun d'eux douze groschen par jour (et en comprenant tout ce qui leur était nécessaire, à peine pouvait-on les entretenir à ce prix); on aura pour les six mois la somme énorme de neuf cent mille dollars, (quatre millions six cent quarante mille fr.), que les coffres épuisés étaient obligés de payer. Ce calcul, toutefois, est tellement au-dessous de la vérité qu'il devrait être augmenté. Il faudrait y ajouter encore les autres contributions, payées par nos villes. Celle-ci était seulement destinée au service de l'hôpital : que l'on juge alors du reste!

Avant la bataille de Leipsick, l'intérieur de ces antres pestilentiels, de ces séjours de la douleur, était déjà très-déplorable; il fallut en augmenter continuellement l'étendue. Plusieurs de ceux qui y étaient attachés, et en particulier des médecins recommandables, en rapportèrent dans le sein de leurs familles des semences de mort. Leipsick avait été pendant un temps considérable séparé du reste du monde par de grandes armées, et les besoins de ces hôpitaux devinrent chaque jour plus pressans. A la fin, les provisions commencèrent à manquer. La détresse était parvenue au plus haut point, quand une foule de malheureux vinrent du champ de bataille chercher du secours dans ces hôpitaux. On ne put pas même leur donner long-temps du pain. Plusieurs erraient çà et là sans aucun abri. Alors nous vîmes des scènes qui eussent frappé d'horreur le cannibale le plus féroce. Il était impossible d'avoir rien aperçu de plus hideux à Smolensk, sur la Bérésina, ou sur le chemin de Wilna. Là du moins la mort sacrifiait plus rapidement ses victimes. Des milliers de spectres erraient le long des rues, demandant l'aumône à chaque porte et à chaque croisée; et rarement la compassion avait le pouvoir de donner. Tels étaient les spectacles les plus ordinaires. Il n'était pas rare de voir quelqu'un de ces infortunés, pâles et décharnés, dévorer avec empressement les os les plus secs. Ils ramassaient même le plus petit morceau de pain jeté par hasard dans la rue, des pelures de pomme ou des morceaux de chou; plus de vingt témoins peuvent attester que des soldats français blessés se traînaient vers les carcasses de chevaux déjà en putréfaction. De leurs faibles mains, ils essayaient de couper avec quelque mauvais couteau les chairs des hanches, et se repaissaient de cette nourriture fétide. Ils se trouvaient heureux d'appaiser leur faim avec ce que les corbeaux et les milans ne mangent que par nécessité. Ils enlevaient même la chair des membres humains, et la faisaient griller pour appaiser leur faim devorante. Enfin, ce qui est presque incroyable, ils cherchaient jusque dans les excremens ce qui n'avait pas été entièrement digéré (1). Je ne serais pas capable de rapporter des faits que la ville entière pourrait contredire.

Le grand cimetière offrait un spectacle non moins affreux dans son genre. Les morts et leurs monumens paisibles n'avaient pas été plus épargnés qu'aucun autre lieu de la ville. Les murailles peu élevées en avaient été transformées en forteresses, et on y avait pratiqué des meurtrières. Des troupes y avaient longtemps bivouaqué, et les prisonniers prussiens, russes et autrichiens y avaient été rassemblés souvent pendant plusieurs jours, exposés aux orages et à la plus violente pluie, sans avoir

---

(1) Ces détails sont repoussans, affreux; mais ils n'ont rien de plus abominable que ce qui se passa lors de la retraite de Moscou; et encore une fois, il faut les connaître; il faut que la jeunesse actuelle bénisse le ciel qui, lui rendant enfin ses rois légitimes, l'a pour jamais affranchie de ces horreurs.

de nourriture, de paille ou d'abri. Ces pauvres malheureux avaient cependant épargné les monumens des morts, et s'étaient seulement réfugiés dans les caveaux qu'ils avaient trouvé ouverts, pour s'y mettre à l'abri de l'humidité, ou y passer les nuits. Ce terrain spacieux qui ressemblait plus à un magnifique jardin qu'à un cimetière, changea ensuite de face, et bientôt n'eut plus avec ce qu'il avait été la moindre ressemblance. Ce que pendant un siècle des milliers de mains habiles dans les arts avaient produit, fut en peu de temps détruit par un petit nombre d'être malfaisans. Les plus fortes portes de fer des caveaux furent brisées, les murs dépouillés de leurs décorations et des emblêmes de la mort, les derniers tributs de la douleur et de la tendresse anéantis, et tous les bois consumés; de sorte que les vivans ne savaient plus ou chercher les objets de leurs regrets et de leur amour. Les barrières élégantes qui entouraient la plus grande partie des tombeaux avaient pour la plupart disparu : elles étaient réduites en cendres, ou bien l'on n'en trouvait que quelques débris parmi les tisons des feux de bivouac. Le 19, ce lieu malheureux fut emporté d'assaut. Après la bataille, une partie des prisonniers français y fut rassemblée. L'église de Saint-Jean qui s'y trouve placée, avait été, depuis le mois de mai, jusqu'au commencement d'octobre, convertie en hôpital. Elle ne pouvait plus contenir de malades, de sorte qu'eux et les prisonniers étaient entassés ensemble au milieu des tombeaux. Ce qui avait été jusque-là épargné fut alors complètement détruit. La nécessité devint une excuse suffisante. Qui aurait pû blâmer la détresse et le désespoir de saisir les seuls moyens de se procurer quelque soulagement! Qui pouvait leur envier dans les froides nuits de l'automne un abri qu'ils cherchaient au milieu de cadavres réduits en poussière! Chaque caveau que ces infortunés purent ouvrir, fut converti par eux en chambre. Ce séjour était du moins préférable à de petits tertres battus de la pluie ou couverts de frimas. Ils decendaient dans les caveaux les plus profonds, brisaient les cercueils, rejetaient les ossemens qu'ils y avaient trouvés, et s'y plaçaient, dans l'espoir de réchauffer leurs membres transis de froid. J'ai vu moi-même un soldat français, tombé au milieu d'un tas de cercueils qui s'élevaient à plus de douze pieds de hauteur. Ne pouvant pas s'en dégager, il était probablement resté là plusieurs jours, avant de devenir à son tour une des victimes. La vue de ces ossemens, jusqu'alors derobés à la vue avec soin, était vraiment horrible.

Tout ce que pûrent faire les nouvelles autorités pour alléger la misère générale ne porta point de remède à tant de malheurs. On éprouvait dans la ville un besoin extrême des choses de première nécessité. Les villages d'alentour étaient ravagés; on ne pouvait en obtenir aucunes provisions. Les hôpitaux, au nombre de plus de trente, étaient insuffisans pour les malades et les blessés qui cherchaient à y être admis. Où aurait-on pû trouver des édifices assez spacieux, des matelats, des lits, des ustensiles, des provisions, et ce nombre considérable d'hommes attachés à l'art de guérir, dont ces malheureux demandaient les services avec tant d'instances. Le conseil de l'hôpital n'avait même pû, pendant quelque temps, rassembler une quantité suffisante de charpie. On obligea presque tous les garçons perruquiers de faire le service des hôpitaux, quelle que fût et dût être leur inexpérience dans l'art de guérir. Lors même que l'argent eût abondé, il n'eût pu rien procurer; et cette ressource était d'ailleurs tout-à-fait épuisée. Il était impossible de trouver un remède à ces maux; la ville et les rivières étaient encombrées de corps morts. Il fallait employer un nombre considérable de bras pour les faire disparaître, avant de nettoyer le champ de bataille sous Leipsick. Devait-on d'abord réédifier les maisons en cendres, s'occuper de faire du pain ou de la bière, enterrer les morts, ou secourir les blessés? On l'ignorait, car toutes ces choses demandaient une attention égale.

Il y avait dans la ville plusieurs milliers de soldats, récemment arrivés : ils venaient de combattre, et souffraient également de la faim ou de la soif. Chaque habitant les eût volontiers traités de son mieux; mais on ne pouvait alors se procurer un seul verre d'eau-de-vie ou de la plus mauvaise bière. La plupart attribuaient naturellement nos refus à de la mauvaise volonté; ils prétendaient même que tout leur était refusé, parce qu'ils n'étaient pas Français. Qu'ils connaissaient peu notre véritable situation! Il y avait dans la maison que j'habitais six gardes à pied prussiens : ils se plaignaient lorsqu'on ne leur donnait que des pommes-de-terre; mais ils recevaient avec douceur les excuses qu'on leur faisait. Sans rien répondre, quatre d'entr'eux prirent leurs armes et partirent. Environ une heure après, ils revinrent, amenant avec eux deux vaches qu'ils avaient enlevées aux Français en retraite. Nous eûmes ainsi pendant quelque temps des vivres dans la maison, et nous pûmes même venir au secours de nos voisins.

(Ici l'auteur avant de terminer son récit revient encore sur les mêmes idées, et présente des tableaux à-peu-près semblables. Il était naturel que l'état affreux où il voyait sa ville natale lui inspirât cette surabondance d'expressions; mais les lecteurs n'y auraient rien trouvé de nouveau. Il a donc paru convenable de supprimer environ deux pages. L'auteur conclut, en se flattant avec beaucoup de raison, d'avoir contribué par l'exactitude de son récit à donner une idée précise d'un si mémorable évènement.)

OBSERVATIONS

ET DÉTAILS HISTORIQUES.

L'OBSERVATEUR attentif découvre quelque chose de grand dans la bataille de Leipsick, mais on y trouve aussi des sujets d'étonnement; accoutumé, comme on l'est, à reconnaître, dans toutes les campagnes de Buonaparte, un plan réfléchi qu'ici l'on cherche en vain. Si, dans ses premières combinaisons militaires, il ne fit pas toujours attention à toutes les possibilités; s'il en négligea quelques-unes, ce ne fut pas tant faute de pénétration, que par une ferme confiance dans sa fortune et dans son habileté pour tourner à son avantage les accidens imprévus, ou du moins pour en faire disparaître le danger. Il est peu de généraux qui, pendant une longue suite d'années, aient été aussi constamment que lui favorisés de la fortune. Il n'est donc pas surprenant que sa confiance se soit enfin accrue au point de devenir une extrême témérité. En Russie, il éprouva des obstacles auxquels il ne s'était pas attendu; toutefois, il pénétra jusqu'à Moscou. Là, il essuya, pour la première fois, un revers tel, qu'aucun autre général n'en avait encore eu. Son immense armée fut totalement anéantie (1). Des décrets violents lui en créèrent une nouvelle. Ses diverses parties furent rassemblées avec une telle précipation, qu'elles devaient manquer d'énergie et d'ensemble. Il était impossible de douter que l'on n'en eût bientôt la preuve; sous ce rapport, ses adversaires avaient sur lui un avantage décidé, comme il pût s'en convaincre après les babatailles de Lutzen et de Bautzen. S'il n'eût pas été très-supérieurs en forces aux Russes et aux Prussiens dans la première de ces deux

(1) Ceci n'est pas absolument exact. Quelque immense que fut alors la perte, il resta encore de l'armée française un certain nombre de braves. Ils devinrent lés modèles et les guides des jeunes guerriers qui vinrent se réunir à eux. Il est certain que si Buonaparte n'eût pas disséminé dans un grand nombre de places plus de cent mille hommes également expérimentés, également accoutumés à la victoire, il eût encore pu résister à l'Europe entière; mais, comme il le disait lui-même avec une jactance ridicule, quand il entra en Russie: *Son destin l'entraînait.*

actions, il aurait sans nul doute été défait.

Les relations politiques de l'Europe avaient éprouvé, quelque temps avant la bataille de Leipsick, un changement extraordinaire. Buonaparte ne pouvait pas un seul instant être incertain sur le choix que ferait l'Autriche. Si, possédant une armée formidable et parfaitement équipée, elle ne pouvait faire conclure une paix qui établit la balance entre les principales puissances de l'Europe, une paix à laquelle la Russie et la Prusse étaient déterminées à consentir, nul doute que, pour conserver sa propre existence, elle ne dût prendre le parti de ces deux nations. Il paraît que Buonaparte regarda cette supposition comme impossible à réaliser : peut-être aussi les avantages qu'il avait récemment obtenus lui inspirèrent-ils la confiance que la réunion même de l'Autriche aux alliés ne l'empêcherait pas de poursuivre jusqu'à la Vistule sa course victorieuse (1). Espérait-il défaire en Silésie toute

---

(1) Un des traits les plus marquans du changement qui s'était opéré en lui dans les dernières campagnes, fut cette confiance que, vu son excès, on peut nommer *puérile,* et qui, au moindre succès, lui faisait regarder ses ennemis comme abattus. Il en donna une bien forte preuve quelques jours même avant celui où la France

l'armée autrichienne, ou réduire les forteresses de la haute Silésie avec assez de rapidité pour pouvoir une troisième fois menacer Vienne, et forcer les troupes, rassemblées sur les frontières de la Bohême, à revenir précipitamment couvrir la capitale? c'eût été une idée trop présomptueuse. Il s'imaginait probablement être assez fort à la tête de quatre cent mille hommes, commandés par lui-même et par les plus habiles généraux de notre temps, pour combattre même les trois puissances, si l'Autriche se déclarait contre lui. Il devait sur-tout se complaire dans cette idée, s'il croyait pouvoir forcer toutes les armées combinées à une bataille générale, afin de les anéantir d'un seul coup. Les propositions de paix furent rejetées : on ne montra pas la moindre disposition à traiter, et l'armistice de deux mois ne servit qu'à convaincre l'Autriche de la néces-

---

fut arrachée à son joug insupportable. Quand le corps de Blücher eut éprouvé un échec, Buonaparte déchira les conditions de paix que les alliés lui proposaient encore par leurs ministres réunis à Châtillon-sur-Seine. « Maintenant, dit-il, je suis plus près de Vienne qu'ils « ne le sont de Paris. Je vais punir les Bavarois et brûler « Munich. » On sait comment ces menaces se réalisèrent.

sité absolue de se réunir aux alliés, et d'employer toute son énergie à conquérir, par l'épée, cette paix qu'aucune négociation ne pouvait procurer. Par l'accession de l'Autriche, la grande alliance gagna une supériorité manifeste, tant sous le rapport du nombre de troupes, que sous celui des ressources et des avantages géographiques.

Après le renouvellement des hostilités, Napoléon paraissait encore déterminé à s'avancer au-delà de l'Oder. Les alliés ne furent point trompés par ces démonstrations ; mais ils placèrent inopinément leurs principales forces en Bohême, près de la frontière de Saxe, laissant dans la Silésie et le Brandebourg, où le prince royal de Suède était alors arrivé avec ses braves troupes, des armées assez fortes pour tenir Buonaparte en échec par un vigoureux système défensif. La grande armée de Bohême fut destinée aux opérations offensives. Ce plan était également grand et judicieux ; il ne pouvait manquer de faire perdre à Napoléon la Silésie et toute la Saxe, jusqu'à l'Elbe. Tant qu'il n'avait eu à combattre que la Prusse et la Russie, ce fleuve assurait ses derrières ; mais, dès que l'Autriche se fut déclarée, il ne fut plus d'aucune importance militaire. Dresde était le point central de l'armée française ; là, étaient organisés tous les bureaux militaires et toutes les branches de l'administration de l'armée. Les alliés ouvrirent la campagne en marchant rapidement sur cette ville importante. Si l'entreprise réussissait, ses conséquences étaient incalculables ; si elle échouait, on ne perdait rien du grand objet que l'on avait en vue ; et, dans tous les cas, cette expédition était une diversion qui devait faire sortir les Français de la Silésie. Buonaparte vit alors combien il s'était trompé dans ses calculs. Il se hâta de venir sauver la capitale de la Saxe. Son armée accourut hors d'haleine : les alliés donnaient déjà l'assaut aux faubourgs, et si Buonaparte fût arrivé une heure plus tard, Dresde eût été en leur pouvoir. L'arrivée inattendu d'une force si prodigieuse, et plus encore des accidens physiques, firent échouer la grande entreprise des alliés. La bataille de Dresde finit à leur désavantage, mais leur principal but fut atteint. Les forces de Napoléon étaient divisées en trois grandes armées ; si quelqu'une d'elles était abattue, il perdait toute la Saxe jusqu'à la rive droite de l'Elbe. Les actions de Jauer, Grossbeeren et Dennewitz, furent désastreuse pour les généraux français, et bientôt la Lusace et la droite de l'Elbe appartinrent aux alliés. Toutes les tentatives pour pénétrer jusqu'à Prague et Berlin se terminèrent par la déroute et l'anéantissement de plusieurs corps de l'armée française. Les généraux Oudinot, Ney, Reynier, Bertrand, et le terrible Vandame, éprouvèrent successivement des déroutes si complètes, que les bulletins de Buonaparte, avec toute leur adresse, ne purent pallier ces désastres. Partout alors les alliés prirent l'offensive. La Saxe, environnée de la Silésie, de la Bohême et du Brandebourg, devait, d'après sa situation, devenir tôt ou tard le tombeau des armées françaises. Les alliés avaient par-tout le choix de leurs opérations; ils ne pouvaient être ni tournés, ni enfoncés. Il était évident que le long séjour de Buonaparte à Dresde ne pouvait manquer de lui être funeste. A quoi l'Elbe lui pouvait-il servir, lorsque la Bohême, clef de ce fleuve, était au pouvoir de ses ennemis? Ils étaient maîtres de le prendre en flanc jusqu'à la Saale, sans danger ou sans grand obstacle, comme l'évènement l'a prouvé. Buonaparte était claquemuré dans un espace très-étroit, où, même sans avoir été vaincu, il courait le risque d'être affamé avec son armée.

Dresde était pour lui, à quelques égards, ce qu'avait été Wilna en 1812. Leipsick, place ouverte, lui était alors d'une bien plus grande importance que Minsky ne lui avait été. Il ne perdit point cette ville; mais les communications entre Dresde et Leipsick, et entre Leipsick et Erfurt, furent, sinon coupées, du moins interrompues; ses approvisionnemens devinrent de plus en plus précaires, et une nombreuse garnison, que l'on crut devoir renforcer par des détachemens considérables de la principale armée, fut renfermée dans Leipsick.

Lorsqu'au mois d'août l'Autriche se déclara décidément en faveur de la Russie et de la Prusse, on devait croire que Buonaparte abandonnerait entièrement l'inutile défense de la Saxe, et adopterait un nouveau plan d'opérations pour couvrir les autres états de la confédération du Rhin. La plus simple inspection de la carte prouvait qu'il serait infailliblement forcé d'évacuer la Saxe. Il ne pouvait attendre dans cette belle contrée d'autre gloire que celle de la plonger, par son obstination inflexible, dans la plus profonde misère. Les souverains alliés n'avaient rien à craindre pour leurs états; il ne leur était nécessaire que de continuer pendant quelque temps une guerre d'observation, et de recruter leurs armées. Ils pouvaient tranquillement attendre l'instant où Buonaparte quitterait Dresde, et alors le forcer à un engagement général dans la position qui leur paraîtrait la plus avantageuse. Buonaparte se détermina trop tard à la retraite. Il fut obligé de la commencer au milieu d'un carré immense que les alliés avaient tracé autour de lui, et de diriger ses pas vers Leipsick. Il ne put cependant pas se décider à totalement abandonner Dresde. Il y laissa une armée considérable. En prenant ce parti, il s'affaiblissait et sacrfiait cette garnison, aussi bien que celles des forteresses sur l'Elbe et l'Oder, le tout sans aucun but, s'il arrivait qu'il perdît une bataille. Enfin près de Leipsick, il fut obligé de combattre. Depuis la dernière quinzaine du mois d'août, les talens qu'il avait déployés jusque-là pour les combinaisons vastes et profondes, semblaient avoir totalement disparu. Toutes ses mesures, tous ses plans parurent imparfaits, et trahirent une incertitude qu'il n'avait pas encore manifestée. Il sembla qu'il ignorait également et la force de ses ennemis et leur vaste plan de décider du sort de la campagne d'un seul coup.

On n'aperçoit dans la journée de Leipsick

rien de cette prévoyance qui caractérise ses autres batailles. Il ne paraît pas que la possibilité d'être battu fût entrée dans ses calculs; car il n'eût pas obligé le roi de Saxe de venir à Leipsick pour y être témoin de sa défaite. L'évènement le plus favorable ne lui offrait que l'espoir de faire sa retraite sans danger. Les alliés toutefois lui prouvèrent qu'il ne s'y devait pas attendre. Il dût s'en convaincre dès le 16 octobre, journée où il rencontra la plus forte résistance sur tous les points que probablement il avait cru les plus faibles. Dès-lors toutes ses dispositions ne furent faites que pour le moment. Il se vanta d'être victorieux lorsque la bataille avait à peine commencé. Il employa par-tout, pour repousser l'attaque impétueuse de ses adversaires, les moyens qui, pour sa retraite, lui étaient d'une absolue nécessité. Buonaparte devait prévoir facilement, dès le 16, que, s'il était battu, il ne pouvait que se retirer à l'ouest, dans la direction de Lutzen et de Mersebourg. Cependant il fit détruire tous les ponts élevés de ce côté sur les petites rivières, au lieu d'en faire construire d'autres. Il connaissait l'état de la ville qu'il devait traverser. Il savait quelle était la situation de son armée. Elle pouvait à la vérité entrer dans Leipsick par trois grandes routes, venant du nord, de l'orient et du midi ; mais il n'existait qu'une sortie, la plus étroite de toutes pour les hommes et le bagage dans un espace de plusieurs milles. Que le lecteur se figure une armée en déroute, et une armée française, dans laquelle tout ordre est si facilement perdu, se portant sur trois colonnes vers un centre commun !

Le passage de la dernière porte vers Lutzen est tellement étroit, qu'il ne peut admettre à-la-fois qu'une seule voiture. Il en est de même du côté du Kuhthurm. A l'ouest de la ville, l'Elster, la Pleisse, leurs différens bras, leurs détours dans des plaines marécageuses et couvertes de bois, permettent à peine qu'un piéton puisse poursuivre sa route. Considérons de de plus qu'au plus petit obstacle, il faut que toute une colonne s'arrête; figurons-nous les trois colonnes françaises réunies dans un chemin dont les deux passages principaux ont à peine trente pieds de largeur : nous serons alors plus étonnés que l'armée entière n'ait pas été anéantie,que de la quantité prodigieuse de chariots et de munitions qu'elle fut forcée d'abandonner. Dans la nuit même du 18 au 19, lorsque Buonaparte devait être parfaitement certain du péril de sa situation, il eût encore été temps de jeter des ponts sur les divers bras des rivières, afin que l'armée pût marcher à Lindenau sur cinq ou six colonnes, et se réunir dans cette ville d'où partent plusieurs routes. On eût alors pu faire les dispositions que réclamait la situation, et la retraite se fût effectuée sans une grande perte. Rien n'était plus nécessaire à Buonaparte qu'une telle précaution, car il ne pouvait ignorer que les troupes du général Blücher avaient déjà gagné une marche sur lui, et l'attendaient sur les bords de la Saale. Ainsi le manque de quelques misérables ponts de bois devint aussi funeste à l'armée française que la bataille elle-même. Elle perdit, seulement parce qu'elle en manqua, une grande partie de l'artillerie qui lui restait; elle eut plusieurs milliers de morts, dont la plupart furent noyés, et un grand nombre de prisonniers. Il était évident qu'une telle retraite, conduite sans ordre et sans plan, pouvait être suivie de la destruction totale du reste de l'armée avant qu'elle atteignit le Rhin. Cette armée fut tellement réduite par les affaires qui eurent lieu sur les bords de la Saale, à Eisenach et dans Hanau, qu'à son arrivée sur le Rhin, elle devait avoir perdu toute son importance militaire. Combien dans cette partie de l'art de la guerre Buonaparte est inférieur à l'immortel Moreau ! Il lui aurait eu d'éternelles obligations si, lorsqu'il périt glorieusement, Moreau lui eût légué l'art admirable de transformer des retraites en victoires (1).

Quant à l'audace, Buonaparte doit sans doute être compté parmi les généraux du premier rang. Il a conçu et exécuté les entreprises les plus téméraires. Mais si le héros véritable brille sur-tout dans le malheur, comme Annibal et Frédéric-le-Grand, Napoléon doit être placé bien au-dessous d'eux (2). Il abandonna son armée en Russie quand elle avait le plus besoin de son assistance; et s'il donna pour

---

(1) L'Allemand, auteur de ces réflexions, est dans l'erreur. Moreau ne savait faire que *des retraites de caporal;* s'il en doute, qu'il aille le demander au souverain de l'île d'Elbe... Mais laissons dans un sujet si imposant et si douloureux le ton de l'ironie, et reconnaissons que ce passage est un éloge aussi juste que magnifique d'un des héros, dont la France sera toujours le plus orgueilleuse.

(2) Cet écrivain qui s'exprimait ainsi peu de temps après la bataille de Leipsick était-il donc prophète ? Avait-il donc deviné la conduite que tiendrait *le héros*, l'*homme du destin* dans les premiers jours d'avril de cette année 1814 ?

motif de sa désertion, que les circonstances rendaient en France sa présence nécessaire; ce prétexte ne satisfait nullement ceux qui ne se contentent pas de vaines paroles. Pendant la guerre de sept ans, plus la situation de l'armée prussienne fut dangereuse, plus Frédéric se crut obligé de rester avec elle, et de la protéger par son génie éminemment militaire. La campagne de 1813 a prouvé clairement que le secret des victoires les plus décisives de Napoléon, avaient consisté dans l'art d'attaquer ses ennemis avec des forces supérieures (1). Napoléon n'eût pas été capable d'attaquer avec trente mille hommes, une armée de quatre-vingt-dix mille dans une position avantageuse, et de la défaire comme fit Frédéric à Leuthen (ou Lissa). Napoléon, ainsi que le monarque prussien, tenta de pénétrer en Bohême, pays si dangereux pour une armée; mais quel triste rôle il y joua en compa-

(1) Ajoutez l'art bien funeste de savoir précipiter des soldats belliqueux dans les périls les plus imminens. Cet homme n'a jamais fait autre chose que de tourner froidement au profit de son ambition et de ses fureurs l'impétuosité française. Aussi, selon le mot si connu de Moreau, gagna-t-il presque toujours des batailles *à coups d'hommes*.

raison de Frédéric! Ce roi faisait la guerre pour conquérir la paix; Buonaparte ne désira jamais cette paix lors même qu'il parût le plus empressé de l'obtenir. Frédéric savait s'arrêter à temps dans sa marche victorieuse, car l'histoire lui avait montré qu'il est aussi difficile de conserver la gloire que de l'acquérir. Buonaparte s'imaginait que sa renommée ne pouvait que s'accroître : il la perdit toute entière dans les plaines de Leipsick. Là, se flétrirent ses lauriers si chèrement achetés; que ne doit-il pas éprouver, en tournant ses regards au-delà du Rhin, ou les yeux de tant de milliers d'hommes sont maintenant ouverts (1)! Lui aussi a vécu pour voir des jours qui sont loin de lui être agréables, lui qui présentait comme une félicité suprême aux peuples qu'il contraignait à son alliance, l'honneur d'envoyer leurs fils combattre au loin sous ses ordres, et périr victimes de son ambition effrenée! Il s'aperçoit maintenant que tous l'abandonnent et de-

(1) On voit que l'auteur désigne ici la France. Les yeux y avaient été ouverts long-temps avant la catastrophe de Leipsick; mais *la terreur impériale*, non moins active que l'*ancienne terreur*, forçait tout un grand peuple à paraître aveugle, et à garder le plus morne silence.

viennent ses plus cruels ennemis. Le *grand empire* n'est plus qu'un vain songe. Déjà l'oppresseur des nations est presque confiné dans les limites de l'ancienne France qu'il a privée de sa population la plus florissante. Long-temps le mécontentement a été caché dans le cœur de chacun de ses habitans. Long-temps ses citoyens ont vu avec indignation leurs enfans entraînés au-delà du Rhin, dans des terres étrangères pour que le froid, la faim, ou le glaive permissent à peine au plus petit nombre d'entr'eux de revoir le toît paternel. La nation française sera-t-elle encore disposée à répandre dans des champs lointains le sang d'un demi-million de nouvelles victimes? On ne peut lui supposer un tel délire. Les Français à leur tour, sont revenus de leur engourdissement. Ils se borneront comme les Allemands, à défendre leurs frontières contre ces puissantes armées européennes qui, couronnées de lauriers, portent l'épée dans une main, et dans l'autre l'olivier de la paix (1).

(1) La France a mieux fait encore que ne l'espérait l'auteur, ami sincère de l'humanité. Elle a brisé pour jamais le joug le plus affreux, et après vingt-cinq années de désastres retrouvé enfin le bonheur, sous le gouvernement tutélaire de ses rois légitimes.

SUPPLÉMENT.

LA lettre suivante contient des traits si détaillés et si caractéristiques en même temps, qu'elle ne peut manquer d'intéresser les lecteurs. On ne croit donc pas devoir s'excuser de lui donner place dans cet ouvrage.

Leipsick, le 3 novembre 1813.

MON CHER AMI,

Vous voyez combien je m'empresse de vous faire connaître, comme vous le désirez, tout ce qui s'est passé dans mon voisinage et tout ce qui m'est arrivé à moi-même dans ce mois d'octobre dernier, si rempli d'évènemens: j'arrive au fait, sans autre préambule.

Jusqu'à l'arrivée du maréchal Marmont, j'ai résidé constamment à la belle maison de campagne de R***, où je pensais que je pourrais être de quelque utilité pendant les évènemens auxquels on s'attendait. Le général Chamois, honnête-homme, mais officier sévère, y fut d'abord logé.

Le 14 obtobre, chacun s'attendait à une affaire générale dans les environs de Leipsick. Ce jour-là plusieurs corps français arrivèrent dans le voisinage. Le canon qui commença de gronder, et les assurances répétées des officiers français que les anniversaires des batailles d'Ulm et d'Iéna ne se passeraient pas sans être célébrés, paraissaient confirmer notre attente. Le roi de Saxe entra par la porte palissadée, et bientôt Napoléon arriva aussi. Ce dernier venait de Düben : il prit possession d'un bivouac en plein champ, à peu de distance du gibet, et près d'un grand feu. Je fus un de ceux qui se hâtèrent de se rendre en ce lieu, pour obtenir un regard de cet homme extraordinaire. Je ne soupçonnais guère qu'un bien plus grand honneur m'était réservé, je veux dire de dormir sous le même toit que lui, et d'avoir avec lui une entrevue de quelque durée. L'état des choses à ma maison de campagne ne me permettait pas d'être si long-temps absent; je m'en retournai donc le plus promptement qu'il me fût possible. J'arrivai presque au même instant qu'un maréchal-de-logis du palais de Napoléon, auquel je fus obligé de montrer tous les appartemens, et qui, à mon inexprimable effroi, annonça « que l'empereur logerait sans doute là cette nuit. » Cet homme ayant rempli avec précipitation ses fonctions, partit aussitôt. J'appris cette nouvelle inattendue à l'aide-de-camp du général Pajol; mais je fis l'observation que j'en doutais beaucoup, parce que le maréchal-de-logis ne s'était pas exprimé d'une manière positive. L'aide-de-camp parut très-mécontent; et, quoique j'essayasse de le convaincre qu'il se passerait quelque temps avant que Napoléon arrivât, il fit sur-le-champ son paquet; malgré mes instances pour le retenir, il partit quelques minutes plus tard avec son domestique. J'ai rarement vu une anxiété aussi extraordinaire, que celle qu'il me montra quand il faisait ses préparatifs de départ.

Le maréchal-de-logis ne tarda pas à revenir. Il examina de nouveau tous les appartemens, jusqu'aux plus petits cabinets avec plus d'attention qu'auparavant. Il annonça que *sa majesté* y établirait sans doute son quartier-général, et demanda de la craie pour inscrire sur chaque chambre les noms des personnages distingués qui devaient l'occuper. Quand il m'eut désigné l'appartement destiné à l'empereur, il désira que l'on y allumât sur-le-champ un grand feu, attendu que S. M. aimait beaucoup la chaleur. Bientôt le tumulte commença. Les gardes parurent, et occupèrent la maison, ainsi que toutes ses avenues. Un grand nombre d'officiers de haut rang arrivèrent avec une suite nombreuse, et six des cuisiniers de l'empereur s'empressèrent de mettre la main à l'œuvre, dans la cuisine. Je fus bientôt environné de tous côtés de la splendeur impériale, et je pus, pour l'instant, m'en considérer comme le centre. J'aurais peut-être éprouvé en cette occasion un certain degré de vanité, si je ne me fusse rappelé que tout mon rôle allait se borner à une obéissance passive. J'entendis au loin le bruit des tambours : ils annonçaient l'arrivée de l'empereur qui venait à cheval, et vêtu d'une redingote grise. Derrière lui était le duc de Vicence, Caulincourt, qui depuis la mort du maréchal Duroc, lui avait succédé. Quand ils furent près de la maison, Caulincourt descendit de cheval avec une agilité que je n'aurais pas attendu d'un homme aussi roide et aussi membru. Il prit aussitôt soin de la monture de son maître.

Napoléon était à peine arrivé dans son appartement, que l'on vint en toute hâte me chercher. Vous concevez sans peine mon étonnement et mon trouble, lorsque j'appris que l'empereur voulait me parler sur-le-champ. Dans l'état actuel des affaires, je n'avais pas songé une seule fois, depuis bien des journées, à mettre mes habits du dimanche ; et d'ailleurs mon esprit était encore moins préparé à une entrevue avec un héros, dont le seul aspect suffisait pour me faire tomber par terre (1). Le courage seul pouvait me tirer d'affaires ; et je repris de l'assurance. Je n'avais rien fait de mal, du moins à ma connaissance, et j'avais rempli du mieux que j'avais pû mon devoir de *maître de la maison*. Quand un général se fût chargé de moi, je rassemblai toutes les fleurs de ma rhétorique, afin de m'attirer la faveur d'un puissant empereur. Le général me conduisit vers un groupe d'aides-de-camp et d'officiers de tous rangs. Ils faisaient peu d'attention à un individu aussi insignifiant que moi, et daignèrent à peine m'honorer d'un regard. Mon conducteur ouvrit la porte, et j'entrai, mon cœur battant avec violence.

---

(1) J'ignore si l'auteur parle ironiquement ici, ou si tout simplement il rend compte avec une extrême bonhommie de ce qu'il éprouvait. Je traduis avec fidélité.

L'empereur avait quitté son surtout, et personne ne se trouvait près de lui. Sur une grande table était déployée une carte d'une étendue prodigieuse. Rustan, le mamelouck, dont on avait faussement annoncé la mort depuis si long-temps, était, comme je le sus ensuite, dans la chambre voisine. Toute ma présence d'esprit s'était évanouie de nouveau quand j'avais été conduit vers l'empereur; et il dût certainement s'apercevoir à mes regards que je n'étais pas médiocrement troublé. J'allais commencer la harangue que j'avais préparée avec tant de peine, et bégayer quelque chose sur le bonheur aussi grand qu'inattendu d'être présenté au plus puissant, au plus célèbre et *au plus sincèrement aimé* des monarques du monde, quand il me délivra de mon embarras. Il me parla en français, très-vite, mais distinctement. Voici quel fut notre colloque.

Napoléon. Etes-vous le maître de la maison?

Moi. Non, sire; j'y suis attaché, comme subalterne.

N. Où est le maître?

M. A la ville, sire. Il est avancé en âge, et dans les circonstances actuelles, il a quitté sa maison, en me chargeant d'en avoir soin comme je le pourrais.

N. Quel est-il ?

M. Sire, il est dans les affaires.

N. En quelle qualité ?

M. Il est banquier.

N. (en riant.) Oh! oh! alors il est millionnaire, à ce que je présume.

M. Je demande pardon à votre majesté; il ne l'est nullement.

N. Peut-être, au lieu d'un million, en possède-t-il deux ?

M. Plût à Dieu qu'il me fût possible de répondre affirmativement à votre majesté.

N. Vous prêtez de l'argent, je présume ?

M. Nous en avons prêté jadis, mais aujourd'hui nous sommes trop heureux d'en emprunter.

N. Allons, allons, je pense que vous en prêtez encore quelquefois. Quel intérêt prenez-vous ?

M. Nous prenions d'ordinaire 4 à 5 pour cent. Maintenant nous donnerions volontiers 8 et 10.

N. A qui prêtiez-vous ?

M. A de petits commerçans et à des manufacturiers.

N. Vous escomptez aussi des billets, je suppose ?

M. Nous l'avons fait autrefois, sire. A présent, nous ne pouvons ni en escompter, ni en faire escompter.

N. Quelles sont vos occupations?

M. Maintenant, sire, je n'en ai aucune.

N. Pourquoi cela?

M. Parce que le commerce est tout-à-fait arrêté.

N. Mais votre foire ne tient-elle pas?

M. Oui; mais c'est seulement un vain mot.

N. Pourquoi?

M. Pendant un temps considérable, toute communication a été suspendue. Les chemins ne sont pas sûrs pour le transport des marchandises. Ainsi, ni vendeurs ni acheteurs ne veulent courir les risques de venir. D'ailleurs, l'argent est très-rare dans ce pays.

N. (prenant beaucoup de tabac (1). Bien, bien. Quel est le nom de votre banquier?

Je le lui dis.

N. Est-il marié?

M. Oui, sire.

N. A-t-il des enfans?

M. Oui, sire. Ils sont aussi mariés.

---

(1) On a remarqué que c'était son *tic*, lorsqu'il entendait quelques paroles qu'il était fondé à prendre pour un reproche indirect.

N. A quel titre êtes-vous près de lui?

M. Je suis son commis.

N. Vous avez aussi sans doute un caissier?

M. Oui, sire, à votre service.

N. Quels appointemens recevez-vous?

Je lui dis la somme que je jugeai convenable.

Il fit alors un signe de main, et je me retirai, en faisant une profonde révérence. Pendant toute la conversation, l'empereur fut de très-bonne humeur, rit souvent, et prit une grande quantité de tabac. Après cette entrevue, je m'aperçus, en sortant de la chambre, que ceux qui, une heure auparavant n'avaient pas daigné faire la moindre attention à moi, me regardaient comme un tout autre homme, comme un personnage d'importance. Les officiers et les domestiques me témoignèrent alors le plus grand respect.

L'empereur logeait au premier étage. Son mamelouck favori, très-bel homme, était constamment près de lui. Le second étage était occupé par le prince de Neufchâtel, qui paraissait malade, et par le duc de Bassano, ministre de l'empereur. Au rez-de-chaussée, une grande chambre était devenue *salle de service.* Là étaient les maréchaux Oudinot, Mortier, Ney, le général Reynier et un grand nombre d'autres, avec des aides-de-camp et des officiers. Ils couchaient là nuit sur la paille, aussi pressés, aussi entassés que des harengs dant un baril (1). Dans l'aile gauche du bâtiment logeait le duc de Vicence, grand écuyer, et au-dessus de lui le médecin de l'empereur, qui était, je crois, M. Yvan. L'aile droite était occupée par les officiers du palais. La plus petite pièce devint la chambre à coucher de quelque général; et chaque coin de la maison était si rempli, que les domestiques et les autres subalternes furent obligés de coucher sur le pavé de la cuisine. M'étant adressé au domestique du maréchal du palais, j'obtins la permission de conserver pour mon usage un petit appartement, et je m'avisai, pour me préserver de toute visite importune, d'écrire avec de la craie sur la porte, en gros caractères, ma qualité de *maître de la maison.* D'abord, les nouveaux venus passèrent respectueusement devant ma petite cellule, et

(1) La comparaison n'est pas très-distinguée, mais il y a dans le texte : « Crowded as close as herrings in a barrel. »

osérent à peine y jeter un regard; mais bientôt la curiosité française ne tint aucun compte de la barrière par laquelle j'avais voulu la reprimer. Pendant quelque temps, au reste, ce lieu servit d'asile pour la nuit aux gens de la maison et à quelques-uns de nos voisins, habitans du village.

J'eus ordre de livrer au piqueur de l'empereur les clefs des greniers et de la grange. Je le priai de ménager nos provisions le plus qu'il pourrait, et j'appuyai ma demande d'une bouteille de vin qui, dans les circonstances, n'était pas un cadeau méprisable. Il sut l'aprécier, et me donna aussitôt des preuves de sa reconnaissance. Il me prit à part, et me dit à l'oreille : « Tant que l'empereur demeurera ici, « vous serez en sûreté; mais du moment qu'il « partira (et personne ne sait quand ce moment « doit arriver), vous serez tout-à-fait pillé. « Vous ferez bien d'obtenir une sauve-garde. « Adressez-vous, à cet effet, au duc de Vi« cence. »

Je ne négligeai pas cet avis, et demandai aussitôt à parler au grand écuyer. Je lui expliquai mon affaire avec tous les ménagemens possibles, et il me promit de bonne grâce qu'il m'accorderait ma demande. Déterminé à battre le fer tandis qu'il était chaud, je m'adressai à lui par écrit peu de temps après.

Depuis l'arrivée de l'empereur, je n'eus pas un instant de repos. J'aurais volontiers échangé ma qualité qui me faisait aller de pair avec les principaux officiers, contre une nuit de sommeil paisible. A chaque moment, on appelait *monsieur le maître de la maison*. Les soins de faire battre les habits, blanchir le linge, etc. me concernaient exclusivement. On s'était aperçu de ma bonne volonté, et l'on s'imaginait que mes talens y répondaient. Je ne craignais rien pour mes jours, j'étais même sûr de n'éprouver aucun mauvais traitement. Qui eût osé mettre la main sur un personnage si important, dont à chaque minute l'on avait besoin, et qu'il eût été absolument impossible de remplacer ? Tout cela m'inquiétait moins que les moyens de conserver, autant que je le pouvais, les propriétés de mon patron. Il était bien à craindre que tout dans la maison ne fût détruit. En voici une preuve.

Les gardes avaient allumé un grand feu, à peu de distance de la maison. Le vent étant fort, chassait vers nous non-seulement des étincelles, mais de grandes portions de flamme. La cour était remplie de paille qui, à chaque instant, risquait de nous embrâser tous. Je représentai cette circonstance à un officier de haut rang, et lui fis observer que l'empereur lui-même courait un grand danger. Il ordonna aussitôt à un grenadier de la garde d'aller faire éteindre le feu sur-le-champ. Cet homme, qui avait un air très-renfrogné, refusa net de se charger du message : « Ce sont mes camarades, « répondit-il ; il fait froid : il leur faut du feu, « je ne peux pas désirer qu'ils l'éteignent. » Que faire ? je pensai au duc de Vicence, et m'adressai directement à lui. Mes représentations produisirent leur effet ; il donna ses ordres, et en un quart d'heure, le feu fut éteint. J'eus également le bonheur de sauver un bâtiment situé près de la maison : il avait été bâti et rendu habitable depuis fort peu de temps. Les soldats de la jeune garde voulurent le démolir, dans l'intention d'en brûler le bois à leurs bivouacs. On empêcha l'exécution de leur dessein, et il n'y eut de pris qu'une seule solive. Une garde le préserva de nouvelles attaques.

Le roi de Naples et sa suite vinrent de Stotteritz, lorsque la soirée était très-avancée. Il avait un nègre, qui paraît remplir près de lui les mêmes fonctions que Rustan près de son beau-frère.

Au point du jour, l'empereur et tout son cortège prirent la route de Wolkewitz. Le roi de Naples était déjà parti dans la même direction. Tout fut tranquille pendant le jour, et vers la nuit l'empereur revint. Plusieurs officiers français avaient affirmé le soir précédent qu'une affaire générale aurait certainement lieu le 15. Je m'aperçus à leur langage combien ils étaient peu au fait de l'état des choses. Selon eux, les armées alliées devaient être considérées comme anéanties. Les savantes manœuvres de l'empereur avaient, à les en croire, entièrement séparé des Autrichiens les Russes et les Suédois. (Ces derniers n'étaient pas encore arrivés). Un courrier de l'empereur eut la bonté de m'apprendre que ses camarades et lui n'auraient rien à faire ce jour-là, mais que le lendemain la besogne serait rude.

Le 16, en effet, de très-grand matin, je remarquai les préparatifs qui se faisaient pour le départ définitif de l'empereur. Le maître-d'hôtel demanda la liste des provisions qu'on lui avait fournies. J'en avais dressé une; mais elle ne convint pas. Il fallait disposer les articles sous des titres particuliers, et donner de chacun un compte distinct. Je manquais de temps, de patience et de papier; mais toutes mes excuses ne furent pas admises, et il n'y avait pas un moment à perdre. Je m'aperçus qu'on n'exigeait pas de moi un état général, exécuté avec le soin et l'élégance d'une transaction commerciale, et je me dispensai de quelques petites formalités. J'écrivis sur le premier papier qui me tomba sous la main, et mes notes furent bien le plus misérable griffonage que l'on pût voir. Le tout me fut à l'instant payé. M'apercevant que le maître-d'hôtel ne songeait nullement qu'il était raisonnable de donner aux domestiques, si assidus à faire leur devoir, quelque gratification, j'eus l'incivilité de le lui rappeler. Il me dit alors de lui faire un reçu de 200 francs, que je distribuai aussitôt entre les gens de la maison, quoiqu'il me fit connaître que je n'aurais dû donner à chacun d'eux que trois ou quatre francs, tout au plus. Je fis aussi un compte séparé pour le fourrage, mais on ne le paya pas.

La sauve-garde que j'avais si long-temps attendue, arriva enfin. Elle consistait en trois gendarmes d'élite, porteurs d'un ordre écrit par le baron de Lennep, écuyer de l'empereur. Ils devaient défendre de toutes déprédations ma personne et mes propriétés. Je pris sur-le-champ copie de cette pièce importante, et je la clouai à la porte de la maison. Nos hôtes nous quittèrent bientôt successivement, et je restai seul avec mes gardiens, et me félicitai sincèrement de ce que le ciel m'avait envoyé de si honnêtes gens. Il était, au reste, impossible d'être parfaitement satisfait. Le bruit du canon se faisait de plus en plus entendre, et je recevais de fréquentes visites de soldats. Mes braves gendarmes les chassèrent tous, et jamais je ne m'adressai à eux en vain, lorsqu'il fut question de venir au secours de quelques voisins. Je leur témoignai ma reconnaissance autant qu'il me fût possible, et du moins je fis en sorte qu'ils ne manquèrent de rien.

Un des trois alla dans la ville, et revint en hâte, avec la nouvelle d'une grande victoire. «*Vive l'empereur!* criait-il; *la bataille est gagnée.*» Je lui demandai des détails : il me rapporta du ton de la persuasion la plus intime, qu'un prince autrichien avait été pris avec trente mille hommes, et que l'on chantait un *Te Deum* à Leipsick. Ce récit me parut très-improbable, car la canonnade en ce moment s'approchait de nous, au lieu de s'éloigner. Je témoignai mes doutes au gendarme, et lui dis que l'affaire ne pouvait encore être décidée. Il ne voulut pas en convenir, et m'assura toujours que sa nouvelle était officielle. Je lui demandai s'il avait vu le prince et les trente mille Autrichiens captifs que, sans nul doute, on devait avoir amenés à Leipsick. Il me répondit franchement qu'il ne les avait pas vus. Des personnes de la ville ne les avaient pas vus plus que lui ; de sorte que je pus conjecturer quel degré de crédit méritait cette histoire.

Dans l'après-midi du 17, le maréchal Ney parut tout-à-coup à la porte avec une suite nombreuse, et établit son quartier-général dans la maison. Pendant cette journée, je ne vis plus l'empereur, et il ne se passa rien d'important. Le 18, à trois heures du matin, Napoléon arriva inopinément en voiture. Il alla aussitôt trouver le maréchal Ney, avec lequel il resta en conversation pendant environ une heure. Alors il s'en retourna précipitamment, et fut bientôt suivi du maréchal, dont les gens restèrent avec nous. Cet officier supérieur dût avoir un poste très-périlleux, car avant midi, il envoya chercher deux chevaux frais, et on en redemanda de sa part un troisième dans l'après-midi. La canonnade devint plus violente, et s'approcha de nous. Je fus de plus en plus convaincu que l'annonce pompeuse de la victoire remportée le jour précédent, était une pure gasconnade. Dès midi, l'affaire parut prendre une tournure très-désastreuuse pour les Français. Ils commencèrent alors à se retirer en hâte vers la ville. Tout-à-coup des milliers de voix firent entendre les cris de *vive l'empereur!* et à ces cris, je vis ces soldats accablés de fatigue, faire volte face, et marcher de nouveau en avant (1). Cependant les apparences devinrent de plus en plus alarmantes. Les boulets des alliés tombaient déjà fort près de nous. Un d'eux tua une vache, et blessa un Polonais, tout au plus à cinq pas de moi.

Pendant tout ce temps, les Français ne parlaient que de victoires. La fortune, par malheur, les leur avait rendues trop familières. Les courriers, porteurs de nouvelles flatteuses, se succédaient sans interruption : « Le général Thielman, cria un aide-de-camp, vient d'être pris avec six mille hommes, et l'empereur a

---

(1) Quel plus magnique éloge de ces hommes intrépides, que ce simple récit d'un étranger, ou pour mieux dire d'un ennemi, témoin oculaire! Et voilà les hommes dont Buonaparte, qui les regardait comme *de la chiffe* (ce sont ses propres expressions), prodiguait sans cesse les jours dans d'interminables combats!

ordonné qu'on le fusillât sur le champ de bataille. » On parlait des Saxons de la manière la plus outrageante ; et j'appris que la plus grande partie d'entr'eux était passée chez les alliés, au milieu même de l'action. Je me réjouis sincèrement de cette circonstance ; cependant je crus devoir joindre mes malédictions à celles dont les chargeaient les officiers français. Le nombre des arrivans s'augmentait à tout moment : les blessés venaient par troupes. Vers le soir, tout prouva que les Français étaient vivement poursuivis. Un valet arriva au galop, et nous apprit que le maréchal Ney, blessé, n'allait pas tarder à venir. La maison fut aussitôt dans le trouble et la consternation. Mon Dieu ! mon Dieu ! se disait-on, les uns aux autres, le prince est blessé ! quel malheur ! Peu après le maréchal arriva. Il était à pied, et soutenu par un aide-de-camp. On demanda en hâte du vinaigre. Le maréchal avait été blessé au bras par un boulet, et il éprouvait des douleurs trop violentes pour soutenir le mouvement du cheval.

Les maisons du village étaient totalement pillées, et les habitans venaient demander du secours. Je représentai leur détresse à un aide-de-camp, qui haussa les épaules, et me donna cette réponse peu consolante : Qu'il ne lui était pas alors possible de remédier au mal.

Enfin, le 19, de grand matin, nous pûmes espérer la fin de nos misères. Tous les Français coururent en désordre vers la ville, et notre sauve-garde elle-même fit des préparatifs de départ. Je vis de nouveau en imagination les piques des Cosaques. Les évènemens se suivirent avec rapidité. A peine mes gardes étaient-ils partis qu'un feu très-vif de mousqueterie commença dans notre voisinage. Peu d'instans après des soldats de l'infanterie poméranienne arrivèrent dans la maison par le jardin : ils marchèrent sans s'arrêter vers la ville. Après quelques minutes, je pus observer avec une lunette la retraite pleine de confusion des Français. Je me livrai alors à la joie que me causait l'arrivée si long-temps attendue de nos concitoyens et de nos libérateurs. Le joug sous lequel nous avions gémi était brisé, probablement pour toujours. Je reçus avec empressement ces braves guerriers ; et comme il se trouvait parmi eux quelques blessés, je me hâtai de leur fournir tous les secours qui étaient en mon pouvoir. Je peux attribuer à mes soins continus la conservation de M***, officier suédois, qui était blessé dangereusement. J'eus aussi la satisfaction de guérir le bras du capitaine prussien de B***, à qui, sans moi, l'on eût été obligé de faire l'amputation. D'un autre côté, tous mes soins envers le major suédois de Döbeln furent inutiles. J'eus la douleur de le voir mourir.

J'étais sans cesse occupé de mes blessés, lorsque des corps de troupes de plus en plus nombreux continuaient à marcher à grands pas vers la ville. Nous nous trouvâmes alors fort heureux d'être sur les derrières de l'armée victorieuse ; mais le cri universel parmi nous était : Que deviendra la malheureuse ville de Leipsick ? Elle souffrait alors un assaut terrible. Plusieurs officiers de distinction arrivèrent. Je vis venir l'adjudant-général suédois Güldenskiold, avec le général Reynier, qui avait été pris, et qui, après être descendu de cheval, se rendit dans l'appartement où l'empereur avait logé. Ils furent suivis du colonel prussien de Zastrow, homme fort aimable : peu de temps après le général prussien de Bülow arriva avec sa suite.

Nos provisions étaient presque entièrement épuisées, et je fus désolé de ne pouvoir, avec la meilleure volonté du monde, traiter convenablement des hôtes si désirés. J'avais été souvent obligé d'endurer moi-même la faim, et de regarder comme une faveur spéciale le don que les valets et les cuisiniers français me faisaient d'une petite partie de leurs vivres.

Au moment où le maréchal Ney était arrivé, le feu avait pris dans le voisinage, par la négligence des Français. Je me rendis sur les lieux pour porter du secours, s'il se pouvait : deux maisons seulement furent brûlées. Ce fut un bonheur réel, d'après la violence du vent et le manque de moyens pour arrêter l'incendie; les pompes et les autres ustensiles propres à éteindre le feu ayant été enlevées pour alimenter celui des bivouacs. Ceux des habitans du village qui ne s'étaient pas enfuis, se tenaient enfermés dans leurs maisons, n'osant faire un pas dehors.

Depuis six ou huit nuits, je n'avais pu prendre un moment de sommeil ou de repos; de sorte que je chancelais comme un homme ivre ou stupide. Ce qu'il y a d'étonnant, c'est que ma santé n'ait pas été altérée par ces travaux extraordinaires. Mes vêtemens et tout mon aspect avaient quelque chose d'effrayant. Quand l'officier suédois blessé fut porté chez nous, il avait besoin de changer de linge. Je lui donnai de bon cœur ma chemise, car on ne pouvait s'en procurer nulle part ; et je fus obligé de m'en passer pendant trois jours.

J'ai un peu souffert ; mais enfin, j'ai pû échapper à tous les dangers qui, à chaque instant, me menaçaient. Jamais, tant que je vivrai, je n'oublierai ces jours-là. La Providence qui se manifesta d'une manière si éclatante dans ces batailles, et qui accorda une victoire signalée aux puissances réunies, étendit évidemment ses soins jusqu'à moi. En 1806, après la bataille d'Iéna, Buonaparte déclara dans notre ville même, que Leipsick était au nombre de ses plus dangereux adversaires. Il ne soupçonnait guère que cette ville le deviendrait dans un sens bien différent de celui qu'il attachait à ces mots. Ce fut là que le bras du Tout-Puissant arrêta sa course victorieuse, dont aucun œil humain n'aurait pû prévoir le terme.

FIN.

www.ingramcontent.com/pod-product-compliance
Ingram Content Group UK Ltd.
Pitfield, Milton Keynes, MK11 3LW, UK
UKHW022114190726
13855UKWH00002B/856